LE JOURNAL INTIME
DE LA VIE
DE CHÂTEAU

LE JOURNAL INTIME
DE LA VIE
DE CHÂTEAU

Michel LAFON

7-13, boulevard Paul-Émile-Victor – Île de la Jatte
92521 Neuilly-sur-Seine Cedex

AVANT-PROPOS

Ils sont arrivés, des rêves plein la tête, éblouis à l'idée d'avoir été sélectionnés, heureux de mener, pendant quatre-vingt-quatre jours, *la vie de château*. Ils n'ont pas tardé à découvrir que les chemins de la gloire ne sont pas de paisibles routes de campagne. Placer sa voix, bouger, danser, travailler ses muscles, ses attitudes, faire l'expérience de la vie en commun, profiter de l'émulation, accepter la réussite des autres : une école du spectacle, une école d'existence.

Jour après jour, nous qui les préparions, les filmions, les regardions, avons tenu le journal de bord de leur apprentissage. Pour garder en mémoire ces instants rares d'émotion, d'efforts, de rires et de larmes qui les ont menés à la scène, puis au succès.

Ce journal, « intime » car il ne cache rien de leurs émois, de leurs joies ou de leurs déceptions, le voici.

L'ÉQUIPE DE STAR ACADEMY

PRÉFACE

L'été dernier, une multitude de candidats se pressaient au siège de TF1, quai du Point-du-Jour, à Boulogne-Billancourt, pour tenter leur chance au casting de la Star Academy. Tous prétendants au titre de star. Certains connaissaient la musique sur le bout des notes, d'autres moins.

Il y eut, comme on dit, beaucoup d'appelés et peu d'élus : seize en tout et pour tout. Âgés de dix-huit à trente et un ans, originaires de la capitale, de la région parisienne, de Haute-Savoie, du Roussillon, de Moselle, des Bouches-du-Rhône, du Nord et même de Belgique, ils n'avaient rien en commun si ce n'est le goût de la mélodie et le culte de leurs idoles : Édith Piaf, Aretha Franklin, Michael Jackson, Frank Sinatra, Luciano Pavarotti, Stevie Wonder, les Beatles, Charles Aznavour, Jacques Brel...

Les membres du jury, composé de professionnels, tranchèrent. Furent jugés aptes à vivre l'aventure de la Star Academy Jean-Pascal le maître nageur, Jessica l'auxiliaire de police, Sidonie la maquilleuse (par ailleurs maman d'une petite Angie de six ans), Patrice et Olivia – les deux seuls étudiants du groupe –, Mario le serveur, Khalifa le prof de maths, Jenifer l'attachée de presse, Djalil le barman, Grégory le gérant de société, François l'animateur, Cécile l'employée de banque, Catherine l'assistante de direction, Stéphane le mannequin, Amandine (sans profession) et Carine la comptable. Tous menés, d'une main de fer dans un gant de velours, par la dynamique Alexia Laroche-Joubert. Quatre enseignants, triés sur le volet, ont relevé le défi d'inculquer à ces novices avides de gloire l'art et la manière de devenir une star du show-business. Pour les coacher allaient donc se conjuguer les talents d'Armande Altaï, artiste éclectique, sortie du Conservatoire classique d'art lyrique et dramatique ; de Kamel Ouali, professeur de jazz moderne et de hip-hop à l'Académie de danse de Paris, chorégraphe des *Dix Commandements* ; de Raphaëlle Ricel, spécialiste de l'expression scénique, et de Vincent Fournier, prof de fitness.

Si leurs motivations semblaient quelque peu différentes, à l'évidence tous les Academyciens étaient animés par une même rage d'aboutir. Carine s'était inscrite pour percer dans le métier ; Jean-Pascal pour s'amuser ; Patrice par pure curiosité et pour faire des rencontres. Grégory, lui, avait réussi sa vie professionnelle. Mais un gérant, si brillant soit-il, peut-il être heureux lorsque son rêve de chanter l'opéra n'est pas exaucé ? Même combat pour Mario et Jenifer, qui se sont retrouvés en finale. Pour eux, la chanson a toujours rimé avec passion et vocation. Mais qu'est-ce qu'une vocation sans contrat, sans scène et sans public ? Mario avait déjà fait un (faux) départ dans ce métier semé d'embûches. Il avait donc gagné le droit à une seconde chance.

Pour Jenifer, la benjamine de l'Academy, chanter était un besoin viscéral. Presque vital. Sa petite enfance, elle l'avait passée à chiper le micro de sa maman, chanteuse dans un orchestre amateur, et à marcher sur les traces d'une grand-mère surdouée mais au répertoire exclusivement corse et espagnol. À l'âge où d'autres fillettes se rendent à leurs premières soirées d'ados, elle courait de castings en cours de chant et de danse dans l'espoir d'exercer un jour le plus beau métier du monde à ses yeux.

À plusieurs reprises, son espoir sembla sur le point de se concrétiser. Par exemple en levers de rideau, lors de premières parties de concerts de Dave ou de C. Jérôme. Mais aussi à l'occasion d'une récompense décrochée au Gabon, où son père a dû s'exiler en 1997 pour subvenir aux besoins des siens. Sans compter les repas de fête, karaokés et autres petits bals de province où sa voix faisait merveille. Des débuts prometteurs et grisants pour une jeune fille de quinze ans, même si – au-delà – certaines portes ont bien du mal à s'ouvrir. Pour autant, Jenifer s'est toujours accrochée à sa devise : quand on veut, on peut ! Alors elle a décidé de quitter Nice pour « monter à Paris ». Elle voulait mettre toutes les chances de son côté. Avec la bénédiction et le soutien de sa famille.

Sa sélection à la Star Academy lui a offert un nouveau tremplin. Être remarquée ainsi, parmi cent mille candidats, fut un grand choc. Et une joie intense. Le déclic pour tenter un nouveau défi. Oubliée, la déception de ne pas avoir été choisie par le public de *Graines de star* ! Mais les paroles de Laurent Boyer résonnaient toujours à ses oreilles. Ce soir-là, en effet, l'animateur avait tenté de la réconforter en lui affirmant : « Ta carrière, tu la feras. »

Les encouragements de bien d'autres artistes confirmés, lesquels ont mis des années à se faire connaître et à maîtriser leur art, ont donné des ailes à Jenifer comme à tous les élèves. Cela n'arrive donc pas qu'aux autres. Ainsi, lors du coup d'envoi de la Star Academy, Lââm – qui sait de quoi elle parle – a conseillé à tous les candidats au bonheur d'aller au bout de leurs rêves. Danser, chanter, se produire sur scène, c'était le leur. Ce rêve allait devenir réalité dès le 20 octobre 2001, jour béni de leur arrivée au château. Pour certains (c'était la règle du jeu), il allait s'achever en cours de route, au gré des éliminations, et pour les heureux élus l'apothéose était fixée au 12 janvier 2002.

Aujourd'hui, le conte de fées de Jenifer continue. Ce qui n'empêche pas que pour Jean-Pascal,

Mario, Carine, Patrice, Djalil et Olivia, l'avenir demeure plein de promesses.

Pendant les quatre-vingt-quatre jours de leur vie de château, un journal de bord a été scrupuleusement tenu afin que rien ne soit perdu de l'expérience partagée, à la fois commune et unique en son genre, par les Academyciens. Et afin de garder la trace des rires, des larmes, des doutes, des tâtonnements, des efforts accomplis, des réussites, des échecs, des coups de gueule et des coups de cœur qui ont ponctué leur séjour au château des Vives-Eaux, à Dammarie-les-Lys (Seine-et-Marne). Ce journal, devenu livre, le voici. Sans prétention ni faux semblants. Juste pour revivre les moments forts de cette aventure absolument singulière, à nulle autre pareille, qui par petits écrans interposés a révélé comme jamais auparavant des talents qui ne demandaient qu'à éclore, s'épanouir, s'affirmer et finalement s'imposer devant un public aussi passionné que divers, puisque constitué des millions de spectateurs de la plus grande chaîne de télévision française.

I

LA RÉVOLUTION D'OCTOBRE

Samedi 20 octobre 2001

20 h 53. Coup d'envoi de la Star Academy. Coup d'envoi de seize nouveaux destins. Comme dit le parrain de l'émission, Florent Pagny, « la chance sourit à tout le monde, encore faut-il pouvoir et savoir la saisir ». Ce soir, les apprentis chanteurs sont tous conscients d'avoir leur chance. Et bien décidés à ne pas la laisser filer.

Jean-Pascal voulait relever le défi pour épater la galerie, car le chant n'a jamais été son truc.

Jenifer, elle, serait incapable de compter le nombre de maisons de disques contactées et qui l'ont à peine écoutée. Elle aurait pu changer de cap, mais elle ne s'est jamais découragée. Au contraire, elle a persévéré et pris la bonne décision : se former sur le tas avec une seule idée en tête, ne jamais laisser passer une occasion de monter sur scène. Ces deux dernières années, elle s'est produite dans des bistrots, des petits bals. Inutile de préciser que la lumière, l'acoustique et les décors ont rarement été au rendez-vous de ses prestations d'un soir. Mais peu importait à ses yeux. Rien d'autre n'a compté que de pouvoir chanter et capter l'attention des personnes présentes. Ici, Jenifer et ses camarades sont entrés dans une autre dimension, dans la cour des grands. Ils réalisent que les années de galère, les promesses non tenues, les espoirs déçus leur ont valu de la détermination, une certaine force de caractère. Aujourd'hui, leur heure est venue. Ils en veulent. Ils ont la rage.

*
**

Jenifer veut réussir pour sa mère, qui n'a pas pu faire ce métier parce que chanter ne permet pas de nourrir sa famille. Mais aussi pour sa grand-mère maternelle, Josée, qui lui a enseigné et surtout communiqué l'amour du chant. Dans la famille, de mère en fille, on a ça dans le sang !

D'ailleurs, ses parents l'ont si bien compris qu'ils ont parfaitement joué le jeu en inscrivant leur petite Jeni, dès l'âge de sept ans, à des cours de chant et de danse. La preuve qu'ils croyaient en elle. Faire une croix sur ses propres illusions, d'accord, mais pas question de priver son enfant des mêmes rêves. Aussi Jenifer ne veut pas les décevoir. Elle a beau avoir fêté ses dix-huit printemps, elle a déjà quelques expériences derrière elle. Certaines ont été cuisantes. De celles qui vous fendent le cœur. Juste avant d'être sélectionnée par TF1, elle venait de se faire blackbouler par le jury de l'Eurovision. Grosse déception. Mais il a raison, Pagny : « Il y a toujours d'autres chemins. » Il suffit de ne pas se tromper de route.

Mario, lui aussi, a toujours voulu chanter. Son grand-père a joué un rôle déterminant dans sa vocation.

Ce n'est pas non plus par hasard que Grégory, François et les autres se sont bousculés pour tenter leur chance. L'Academy leur offrait leur rêve sur un plateau : chanter.

Chanter, se retrouver devant un public. Un vrai. Qui applaudit à tout rompre. Un avant-goût de ce qui les attend, peut-être ? La fameuse *standing ovation*, ils en ont souvent rêvé.

*
**

Jenifer, la *fashion victim*, n'est pas peu fière dans sa petite jupe rouge et son haut de cuir noir moulant. Exit le bandana fétiche. Un look plus glamour est de mise. C'est aussi cela, la vie d'artiste.

Comme elle, tous ont l'impression de vivre le début d'un conte de fées. D'ailleurs ils sont dans leurs petits souliers, tels des gamins fascinés par un sapin scintillant, un peu raides dans leurs beaux habits de fête, de peur de les froisser. Même s'ils ne réalisent pas encore très bien ce qui leur arrive, ils vont devoir tout apprendre, en bloc et en vrac : le maquillage, les sourires, le sens du mot « trac », l'art de dompter les caméras, d'apprivoiser le public, de montrer le bon profil et de tenir le micro à distance, ainsi que certains journalistes.

Au fur et à mesure que l'émission se déroule, Nikos Aliagas – le maître de cérémonie – leur présente les différents intervenants. Personne n'est là pour rigoler. Ni pour gagner un pari fait avec des copains. Car les choses sérieuses ont bel et bien commencé. Si on les a étiquetés « élèves » c'est que les profs ne sont pas loin, avec leurs règles, leur discipline et leurs sanctions. Et s'il est encore trop tôt pour qu'ils saisissent tout le tranchant du mot « évaluation », en forme de couperet, cela ne saurait tarder. La preuve, il y a là un psy chargé de gérer l'après-Star Academy et les départs prématurés un peu durs à avaler. De même qu'un nutritionniste, nommé Pierre Secnazi. Interrogé sur la bonne santé physique des candidats, celui-ci ne semble d'ailleurs pas plus badiner avec la forme... qu'avec les formes. Il précise : « On va leur apprendre à chanter plus fort mais certainement pas à piquer le chocolat. » Que les gourmands lèvent le doigt ! Jenifer n'a jamais caché son penchant pour les chips et les tablettes cacaotées. Elle qui se trouvait potelée va devoir apprendre à mettre la pédale douce sur les friandises interdites.

Déjà le fatidique couperet est entré en action.

– Vous êtes... *admis*. Bravo. Vous êtes... *recalé*. Désolé.

Il a le sens du suspense, Nikos. Se rend-il compte de ce qu'endurent les prétendants ? Quelle torture ! Ont-ils tous la même boule dans la gorge et le même nœud à l'estomac ? Les artistes, même débutants, ne sont pas égaux devant le trac. Ils apprendront ça aussi. Et le supplice est d'autant plus cruel qu'il semble durer une éternité. Ah ! si seulement un petit malin était en possession d'une télécommande pour faire avance rapide sur l'horloge ! Mais voilà, c'est un conte de fées sans baguette magique.

*
**

Qui va être retenu ? Qui va être blackboulé ? Comment vont se dérouler les douze semaines à venir, soit quatre-vingt-quatre jours de parcours du combattant ? Qui a vraiment l'esprit de compétition ? Jenifer et Olivia, par exemple, détestent cette notion. Ni l'une ni l'autre ne sont convaincues du bien-fondé de la nécessité de battre les autres pour réussir. Elles voient les choses différemment. C'est leur droit. La compétition, d'accord, mais vis-à-vis de soi-même ; cela pourrait être leur devise. Mais alors, ont-elles leur place dans l'équipe ? Il est bien temps de se poser la question !

En revanche, François accepte parfaitement l'idée de concurrence et de rivalité, « même si la phase de copinage n'a pas facilité les choses ». Mario est dans le même état d'esprit. « Dans une école, il y a des examens et il faut les réussir. Comme dans *Fame !* » Djalil résume l'ambiance en une phrase : « Nous sommes tous là pour gagner, excepté Grégory, peut-être. Ceux qui disent le contraire sont des menteurs. »

Nikos remue le couteau dans la plaie en rappelant qu'il reste trois fauteuils pour sept candidats.

– Ils vont vivre l'aventure de leur vie.

S'il pouvait dire vrai ! Ils y croient sans y croire. Jenifer est la toute dernière postulante que Nikos informe de la bonne nouvelle.

– Jenifer, vous êtes... admise.

Il faut croire que le coquillage porte-bonheur ramassé sur une plage de Corse s'est montré efficace. C'est son grigri et elle n'est pas près de le quitter. En attendant, comme elle a du mal à contenir sa joie ! Elle ne sait plus si elle pleure de rire ou si elle rit aux larmes. C'est les nerfs. Rien à faire. Elle vacille même, et ses bottes à hauts talons (quand on mesure un mètre cinquante-huit, il faut savoir ruser) ne lui sont pas d'un grand secours pour garder l'équilibre. Nikos a beau lui demander : « Jenifer, ça va ? », la pauvre est incapable d'articuler une réponse cohérente. Et quand il annonce qu'elle va interpréter une chanson, elle marche au radar. C'est tout juste si elle se souvient qu'elle est venue pour ça, chanter. En bon petit soldat, elle s'exécute. Jenifer massacre joyeusement l'un des standards d'Aretha Franklin. Apprendre de toute urgence à canaliser l'émotion en plus du reste !

Samedi 20, minuit 36

Ils n'oublieront pas de sitôt leur arrivée dans leur nouvelle demeure. Ils n'y vont pas, ils y courent ! Si le stress n'est pas encore totalement évacué, ils sont tous soulagés, heureux pour ne pas dire euphoriques d'avoir gagné le droit à la vie de château. Ils ne savent plus très bien qui les a félicités, embrassés. Une seule chose est sûre : ils y sont, et ils ont bien l'intention de tout faire pour y rester.

Pas de visite guidée. Il est tard.

Alexia, la directrice, les accueille avec un superbe cocktail. Ils ont tous l'air un peu hagard. Normal. La fatigue, le stress, l'émotion... Heureux mais encore sonnés. Un peu comme à la sortie d'un casino où l'on a décuplé sa mise pour la première fois. Ils ont emporté le gros lot mais, finalement, ils ne s'y attendaient pas. Jean-Pascal a troqué sa mine renfrognée contre un sourire de gamin qui vient de décrocher un premier prix.

Dans un coin, émue, Sidonie cache ses grands yeux clairs de ses mains. Jenifer, elle, n'en revient toujours pas d'être là. Elle doit probablement penser à sa mère qui a dû ranger son micro et ses ambitions au vestiaire. Aujourd'hui, elle va lui montrer ce que sa fille sait faire. Voilà une maman qui sera doublement heureuse si Jeni réussit là où elle a échoué quelques années auparavant.

Tout comme elle, Carine songe à sa mère.

– Elle rêve que je devienne une star. Moi aussi, bien sûr, même si mon vrai désir dans la vie est de me marier et d'avoir un enfant.

La première nuit au château sera agitée. Forcément. Mais elle portera conseil. Il y a tant de choses à régler : trouver la bonne attitude, fournir des efforts, adopter une stratégie, éviter les ennuis, fuir les ennemis et cultiver les amitiés. Un job à plein temps.

Dimanche 21 octobre 2001

Seules les voix des nouveaux pensionnaires résonnent parmi les immenses pièces des Vives-Eaux et dans le parc. Cette vaste demeure un peu excentrée leur procure une exaltante sensation de liberté. Pour la plupart d'entre eux – locataires d'un studio, squatters chez des copains, faisant couette commune chez leur moitié ou encore hébergés chez papa-maman –, c'est vraiment l'Amérique. L'espace et le silence sont aussi grisants que déroutants. Disposer de toute cette place est un luxe, un privilège. Pourtant, chacun ne peut s'empêcher de chercher la compagnie des autres. Instinct grégaire ? Jenifer est la preuve évidente que, à dix-huit ans, on est le contraire d'une solitaire. Quand elle demeurait encore à Nice, dans l'appartement de ses parents, elle n'imaginait pas un jour habiter dans un vrai château. Pas plus que Carine, Jessica ou Olivia ne se figuraient jouer les châtelaines. Qu'elles viennent de banlieue ou de province, les futures stars de l'Academy ne sont pas nées avec une cuillère en argent dans la bouche.

L'immeuble des parents de Jenifer donnant sur la prison de Nice, le cadre de vie de la jeune fille n'avait rien de folichon. Alors, elle allait sans doute rêver ailleurs. Chaussait ses rollers et se laissait griser par la vitesse. On l'imagine aisément en balade avec Rolls, son rottweiler. Le seul qui, probablement, arrivait à la suivre. Jenifer n'est pas du genre à faire du surplace.

Non, l'environnement immédiat de son cadre de vie n'avait rien de magique. Pourtant, comme tous ceux qui connaissent ce genre de voisinage, elle avait sûrement fini par s'habituer aux jeux de lumière incessants, aux bruits de casseroles et d'objets métalliques frappés contre les portes ou les barreaux des cellules : seuls moyens pour les prisonniers de communiquer entre eux, selon leurs propres codes. Ce genre de scènes n'existent pas qu'au cinéma. Alors qu'elle doit être heureuse de ne plus entendre tout ça ! Au château, tout est calme. Enfin presque... Le seul bruit qu'on peut y entendre est celui que les élèves font. Et ils ne s'en privent pas.

Lundi 22 octobre 2001

La journée commence très fort. Tous sont convoqués chez la directrice. Alexia Laroche-Joubert leur rappelle le règlement en vigueur, dont l'obligation de concocter leur dîner et d'assurer la vaisselle des repas du soir. Évidemment, ces deux activités n'ont pas l'air d'emballer les Academyciens. Pour certains les tâches ménagères correspondent à des rites barbares, voire inconnus. Et puis, dans les vrais contes de fées, Cendrillon ne reste pas longtemps un balai à la main.

Pour de tout autres raisons néanmoins, ce jour est à marquer d'une pierre blanche. Premier bœuf de la Star Academy. Comme les vrais artistes, en moins pros bien sûr, mais le professionnalisme viendra plus tard. Patrice, entouré de Catherine et Stéphane, se met au piano et interprète un titre extrait des *Dix Commandements*, sa comédie musicale préférée. Pas question d'être en reste. Jeni se lance et chante *Marguerite* de Richard Cocciante, son chanteur favori. Mario enchaîne. Leur duo improvisé n'est pas si mauvais si l'on en croit les applaudissements des copains. Pas étonnant qu'ils se soient retrouvés en finale. Ces deux-là ont vraiment un don pour le spectacle.

Les élèves commencent à se regrouper par affinités. François, qui cultive son look à la Barthez, et Khalifa, grand Black dégingandé, sympathisent. François a évoqué son enfance avec Khalifa. Il a su, à l'âge de quatorze ans, qu'il était un enfant adopté. Le soir de la première émission, sa mère adoptive a appris que François revoyait sa mère biologique. À la sortie du château, il rêve bien sûr de gagner ses galons d'artiste confirmé, mais plus que tout il désire retrouver son père naturel. « Ce serait extraordinaire. » Ces premières confidences sont de bon augure.

Jenifer s'entend bien avec les garçons. Pour elle, c'est génial. Elle retrouve une ambiance familiale à laquelle elle a été habituée. C'est comme si elle avait des grands frères. Avec Jean-Pascal, c'est un peu différent...

Ce soir, celui-ci met de l'ambiance dans la

chambre des filles. Pour ça, on peut compter sur lui. En caleçon, il fait le mariole et saute, tel un cabri, sur le lit de la facétieuse Amandine, la recouvre de son duvet et fait mine de l'emprisonner. Elle porte bien son nom et ses yeux en amande font craquer les garçons.

Échange de bisous au chocolat. La bataille de Nutella entre Jean-Pascal et Jenifer restera un excellent souvenir... pour le téléspectateur qui n'a pas eu à détacher ses vêtements ! Curieusement, Jenifer et J.-P. se retrouvent dans le même lit. Les lumières s'éteignent. Jean-Pascal fait mine de partir se coucher dans son coin. Elle le retient. Qu'est-ce qui lui prend ? Après tout, c'est la vie de château. Pas la Transat en solitaire !

1 h 30 du matin

J.-P. et elle refont le monde, toujours dans le noir. Ils vont être frais, demain... Puis le grand frère se métamorphose en poète. Attention, danger : « Si je devais te comparer à une étoile, je pense que ça serait celle qu'on ne voit pas. Toi, tu es encore plus belle, tu brilles par ton absence. » Si ce n'est pas une déclaration...

Mardi 23 octobre 2001

Vincent attend ses ouailles de pied ferme pour le cours de gym. Il a l'air cool, comme ça, mais en fait il est très strict. Son pas favori, le *step touch*, n'est pas du goût de tout le monde. Découragée, épuisée, et surtout pas habituée à faire du sport, Cécile s'est isolée sur un banc. Ce serait idiot de mourir – à bout de forces – avec un *step touch* de trop alors qu'il est prévu d'enchaîner avec le premier cours de danse de Kamel.

– Il faut que vous appreniez à regarder et à mémoriser les pas.

Plus facile à dire qu'à faire. Et, pour certains, c'est carrément mission impossible. Kamel s'en rend compte et arrête net la musique. Stéphane croit utile de préciser qu'il n'a jamais fait de danse de sa vie. La réponse du maître à l'élève est cassante.

– Ce n'est pas mon problème.

Jenifer est d'entrée de jeu celle qui arrive le mieux à suivre. Comme Carine et Jessica, elle apprécie la rigueur de Kamel. Mais il faut avouer que beaucoup d'entre eux sont complètement largués, au bord de l'apoplexie.

Cela n'empêche pas François, Stéphane, Jean-Pascal et Patrice de papoter dans la cuisine qui deviendra vite le Q.G. des élèves. François révèle son attachement pour une fille du groupe. Les garçons doivent deviner son identité, mais ils donnent vite leur langue au chat. Il s'agit de Cécile. Au tour des filles de passer les garçons en revue. Jessica et Carine ont découvert que Jenifer en pinçait pour J.-P. Elle a beau la jouer façon *N'avoue jamais* de Guy Mardel, elle a été démasquée vite fait bien fait.

Rendez-vous chez la directrice.

Alexia a des projets pour ses protégés.

Enfin... pour quatre d'entre eux, qui auront la chance de participer à une émission de radio en direct. Catherine, Cécile, Stéphane et Jean-Pascal sont les heureux élus. À l'antenne, Jean-Pascal apprend les surnoms dont il a été affublé : « le grand dégaineur », « le Lucky Luke du château ». En guise de conclusion, l'animateur met les pieds dans le plat :

– Bonne chance pour ta relation avec Jeni !

J.-P. accourt vers Jenifer pour lui annoncer la nouvelle comme s'il s'agissait d'un scoop.

– Nous sommes grillés !

On dirait.

François aussi est grillé. Dans la cuisine, il a déclaré sa flamme à Cécile qui le branche bien. Il a dû flasher sur son sourire qui laisse voir les dents du bonheur. Mais ce n'est pas le tout d'expliquer aux copains qu'on a flashé sur une fille. Il faut également en faire part à l'intéressée. C'est ce qu'il a fait.

– Je crois que tu n'es plus une gamine ; j'irai donc droit au but. Je voudrais réaliser quelque chose et je voudrais savoir s'il est possible qu'on le réalise ensemble.

Silence radio. Cécile est pivoine. *No comment.* Fera-t-elle mentir l'adage qui ne dit mot consent ?

Le soir, ils sont allés voir leur premier spectacle d'Academyciens : *Roméo et Juliette.* Au retour, place de l'Étoile, face à l'Arc de Triomphe, Jean-Pascal a dû détourner les yeux pour cacher ses larmes.

Vendredi 26 octobre 2001

Sixième jour passé au château. Les uns et les autres se trouvent encore dans une phase d'observation. La glace n'est pas complètement brisée et les repères sont encore un peu flous. Vivre près de trois mois avec des inconnus demande un petit temps d'adaptation. C'est une sacrée expérience, même s'il est encore trop tôt pour tisser des liens d'amitié solides, créer des complicités et déceler les hypocrisies. Il reste soixante-dix-sept jours de cohabitation pour que chacun trouve ses marques. En attendant, les extravertis ont pris le pouvoir. Pas besoin de pousser beaucoup J.-P. pour ça. Carine ne mâche pas ses mots. François caracole en tête des meneurs et, s'il n'était pas freiné dans son élan, jouerait les G.O. vingt-quatre heures sur vingt-quatre.

Dans le clan des introvertis, Patrice est un grand observateur. Terriblement pudique, il est aussi capable d'exploser comme une grenade dégoupillée. Quant à Jenifer, la benjamine de la bande, elle demeure très en retrait, sans doute un peu victime de sa timidité.

Catherine, grande gueule *avé l'assent*, n'a pas perdu son franc-parler. Comme la colère lui va bien ! Elle met en valeur ses yeux noirs.

– J'ai l'impression d'être en colonie de vacances avec des gens qui ne pensent qu'à se faire remarquer, dit-elle plus que dépitée, déçue.

L'esprit qui règne dans la Star Academy ne lui convient pas. Elle trouve que les élèves chahutent trop. Elle est là pour bosser et non pas pour s'amuser à longueur de temps.

Si Catherine prend peut-être la vie de château un peu trop au sérieux, cela ne risque pas d'arriver à Jean-Pascal. Est-il venu pour travailler ? Il y a des moments où l'on se pose la question. Les profs aussi. Il a de gros progrès à faire en danse, en chant, en tout. Et ne parlons pas de la discipline ! De surcroît, les sautes d'humeur de J.-P. sont un peu difficiles à suivre. Ce midi, il a brusquement quitté la table. Celui-là, il va leur en faire voir de toutes les couleurs... Au bout de six jours, il a déjà trouvé le moyen de se fritter avec Kamel, le prof de danse, qui n'est pas du genre à se laisser marcher sur les pieds. Alors Jean-Pascal va devoir mettre de l'eau dans son vin. Au lieu de râler, il ferait mieux de se concentrer. D'autant qu'il a du pain sur la planche avec la préparation de *Paroles, paroles*, tube créé par Alain Delon et Dalida. Il doit répéter un duo avec Jenifer, pas un combat de boxe. Il voudrait saccager leur première prestation qu'il ne s'y prendrait pas autrement. Il la traite de « boudin », de « fille potable », lui dit que les paroles de la chansons sont faux cul... Tout ce cirque pour la pousser à bout et finalement lui faire une déclaration d'enfer. La pauvre ne sait plus où se mettre et rétrécit à vue d'œil. Elle aimerait certainement pouvoir se glisser dans un trou de souris, mais le château est superbement entretenu et pas le moindre rongeur à l'horizon ! J.-P. exulte. Son but est atteint.

Raphaëlle, qui enseigne l'expression scénique,

commence à mettre au point leur numéro. La très grande complicité qui les unit devrait les aider. La chanson *Paroles, paroles* semble avoir été écrite pour eux.

Dur dur d'être une star, même débutante. Tout le monde ne partage pas l'avis de Catherine. Personne n'a l'impression de chômer, à la Star Academy. Le rythme est crevant. Il va d'ailleurs falloir qu'ils songent à se coucher plus tôt s'ils veulent tenir la distance.

C'est certainement dû au stress. Khalifa, Carine et Catherine sont nominés pour le *prime time*. Les pauvres ! Là, ils entrent dans le vif du sujet : les strictes règles du jeu et la menace incessante de l'élimination. Une véritable épée de Damoclès audessus de leur tête.

Pour l'instant, Jenifer peut respirer. Elle n'est pas concernée. Elle sait pourtant que tout peut basculer. Sera-t-elle encore de la partie, le 15 novembre prochain, pour souffler ses dix-neuf bougies avec les copains du château ? J.-P. lui a promis un cadeau. Il est visiblement mordu. Il a clamé sur tous les toits qu'il avait flashé sur elle quand ils se sont croisés au casting, à TF1. Coup médiatique ? Coup de cœur ? Déjà les questions fusent.

– Vous ne vous êtes pas encore embrassés, J.-P. et toi ? demandent les autres filles à Jenifer.

Olivia est certainement l'une des premières personnes à avoir remarqué ce qui se passait. Pour l'instant, aucun couple ne s'est formé au sein de l'Academy. Il n'y a pas péril en la demeure. Repérer l'homme ou la femme de sa vie au bout de six jours, ce n'est pas donné à tout le monde. Grégory semble bien chercher l'âme sœur mais, complexé par son physique, il a confié à Sidonie sa crainte. Il n'est pas là pour accumuler les vestes avec les nanas du château. Les cheveux tirés en arrière et d'épaisses lunettes lui donnent un air sévère. Pourtant, quand Grégory s'installe au piano, il assure !

J.-P., que Jeni appelle son « petit chou à la crème », veut visiblement être davantage que son tendre complice. Mais chanter ou flirter, il faut choisir. Après tout, Catherine a peut-être raison. Se disperser c'est prendre le risque de gâcher une opportunité. Jean-Pascal et Jenifer se contentent de jouer au jeu de la séduction. Elle se sent visiblement en confiance avec lui. En veine de confidences, elle lui raconte le temps, pas si lointain, où elle vendait des beignets sur la plage. Histoire de le titiller, elle lui précise que parfois, elle harcelait gentiment les plagistes pour liquider sa marchandise. Un franc cinquante par beignet. Il lui est arrivé d'en vendre jusqu'à deux cent quatre-vingts par jour. Pour une fois, J.-P. ne hurle pas. Pas de gros mots non plus.

Un peu comme dans la pièce (et le film) *Cuisine et Dépendances*, c'est dans cette pièce propice aux confidences que les uns s'épanchent et que les autres se plaignent ou règlent des comptes.

Leur sujet de conversation préféré : les nominations. Ils se disent tous inquiets pour Carine qui a la voix cassée. Elle va devoir se démener comme un beau diable pour pouvoir chanter *Raining man* lors du *prime time* et ne pas sortir du château. Cécile non plus ne cache pas son anxiété. Le système nominations-éliminations l'énerve.

C'est fou ce qui peut se passer, dans cette cuisine. Enfin, façon de parler, car certains n'y font que des haltes au moment des repas. Les vocations domestiques se comptent sur les doigts de la main. Jenifer ne fait pas exception à la règle. Elle a annoncé la couleur : nulle en popote ! Et Jessica a beau lui conseiller de s'y mettre dare-dare pour pouvoir faire des bons petits plats à son « doudou », comme elle dit, Jeni n'a pas l'air convaincue.

Le doudou en question attendra un peu pour tester ses talents de cordon-bleu. Et avec tout ce qu'elle a déjà à apprendre, pas la peine d'en rajouter. L'École hôtelière, ce sera dans une autre vie. Goûter discrètement une sauce ou un plat pour rendre service, passe encore, mais sa collaboration s'arrête là.

Résultat, les pensionnaires sont de véritables coqs en pâte qui apprécient à leur juste valeur les déjeuners préparés par des traiteurs. La production a pensé qu'il fallait soutenir le moral des troupes. Et le penchant de Jeni pour la bonne chère n'a pas échappé à François qui ne se gêne pas pour la mettre en boîte.

– Tu dois coûter cher à tes parents !

Toujours le mot pour rire, François.

Une soirée est prévue au château. Chic ! Catherine a beau dire, c'est important de s'amuser un peu. La production a tout prévu : un D.J. et des danseurs. Mine de rien, J.-P. profite de l'euphorie ambiante pour prendre sa belle dans ses bras. Jeni a bien besoin d'être réconfortée. On dirait qu'elle ne se sent pas au top, dans sa robe en cuir. Quand J.-P. lui reproche gentiment ses en-cas engloutis en douce dans la cuisine, il n'a peut-être pas tort. Solidarité féminine, ou lecture assidue des magazines ? Jessica est elle aussi quelque peu complexée par sa silhouette. Elle refuse de se mettre en jupe. Jenifer décide de s'occuper d'elle. Pour camoufler ses jambes, Jess a enfilé des bottes. Mais elle a bien d'autres atouts : une crinière flamboyante, un regard doux, presque pastel. Il y a des moments où les kilos en trop pourrissent carrément la vie des filles, surtout de celles qui visent le statut de star. Heureusement le nutritionniste n'est pas dans les parages, ce jour-là, pour en remettre une couche...

Il n'y a plus qu'une chose à faire : entrer dans la danse et s'éclater. Jean-Pascal se donne en spectacle. C'est presque un pléonasme. Le voici torse nu. Puis en caleçon. Quel guignol ! À peine Jenifer a-t-elle esquissé quelques pas avec un danseur qu'elle entend le commentaire qu'il fait illico à Mario :

– J'en connais une qui va péter un plomb !

La tension monte. Soirée inoubliable et très sexy. Après une danse endiablée avec J.-P., Jenifer doit trouver que c'est vraiment trop dur de se retenir de l'embrasser !

Samedi 27 octobre 2001

Tout le monde est sur le pont. La journée promet d'être intense. Ce soir, c'est leur premier vrai direct. Et les premières éliminations aussi. Djalil, Catherine, Khalifa et Carine sont sur la sellette. Mais il en faudrait davantage pour faire perdre à Djalil son superbe et légendaire sourire.

Grégory, J.-P., Olivia, Cécile, Patrice et Jenifer sont excités comme des puces mais assez crevés. Forcément, hier soir ils n'ont rien trouvé de mieux que d'aller griller une cigarette jusqu'à une heure très avancée de la nuit (dehors, le tabac étant strictement interdit à l'intérieur du château...). L'échéance du *prime time* les tarabustait. Le besoin de discuter pour dédramatiser, sans doute. Mais il n'y avait pas que ça ! Les élèves ont bien percuté qu'il y avait anguille sous roche entre Jean-Pascal et Jenifer. Ça commence à jaser.

– Je sais que je suis en train de tomber amoureux, mais je fais attention, leur a confié Jean-Pascal. Ça se fera quand ça devra se faire, je ne veux pas la perturber car je sais qu'elle ne vit que pour la chanson.

Paroles, paroles... Décidément, celles-ci étaient faites pour lui. J.-P. est un fin stratège. Il a compris que, pour attraper la belle dans ses filets, il ne faut surtout pas l'éloigner de son rêve. Et ce n'est pas parce qu'ils se sont blottis cette nuit l'un contre l'autre, dans le même lit, qu'il y a de quoi alimenter Radio Cancan. Jenifer est comme toutes les filles : elle veut prendre son temps. Jean-Pascal est comme tous les garçons : il veut aller trop vite. Jeni n'a-t-elle pas dit : « Le jour où j'embrasserai J.-P., cela aura vraiment une signification pour moi » ?

Jenifer est pudique et sous contrôle. On dirait qu'elle a un mal fou à oublier les caméras. Jean-Pascal est impudique par nature, par jeu comme par provocation, et il se joue des caméras qu'il utilise comme un pro pour ses impros.

Mais si l'on en croit les encouragements – ou l'impatience – de Grégory hier soir, les élèves sont tous pressés de les voir conclure.

– Embrasse-la, merde ! Qu'on soit les premiers à assister à la scène !

Quelle prise de tête. Comme si elle n'avait que ça à penser. À son look pour commencer. Ce qu'il y a de bien, dans cette aventure, c'est qu'elle déculpabilise les filles. D'un coup de baguette magique, leur coquetterie exacerbée et parfois insupportable se transforme en qualité indispensable au métier de star. Plus qu'une qualité, c'est un devoir, une nécessité. Passer des heures à se pomponner dans la salle de bains est chaudement recommandé. Personne ne songerait à venir tambouriner à la porte pour écourter la mise en beauté et demander à l'artiste de céder la place. Carrément dé-li-cieux. Un rêve éveillé. Et les garçons sont tout à fait autorisés, encouragés même, à les imiter. S'il fallait compter, chronomètre en main, le temps que Mario a passé à se bichonner et soigner son look, certaines filles ne lui arriveraient pas à la cheville.

Décidément, tout est différent. C'est un peu comme s'il y avait la vie d'avant le château et celle de maintenant. Un autre exemple en est le nouveau vocabulaire qu'ils emploient tous avec un naturel hallucinant. Avant – il y a seulement quelques jours, même si cela semble bien loin ! – Carine, Grégory, Djalil et les autres parlaient d'une « émission de télé ». Comme tout le monde. Maintenant ils s'expriment comme les pros et disent « *prime* ». *Prime time* ferait presque tache. Même chose pour « chorégraphie ». Désormais, ils répètent une « choré ». C'est pour eux une manière d'affirmer leur appartenance au sérail, même si la plupart sont conscients des progrès qu'il leur reste à faire. Mario et Jenifer l'ont bien compris dès qu'ils ont franchi le seuil du château. Celui qu'elle a immédiatement considéré comme son grand frère et baptisé son Pikachu et elle ont beaucoup de points en commun, notamment le respect des profs et le désir d'apprendre. Ni l'un ni l'autre ne perdent ça de vue. Ils savent ce que galérer veut dire ; ce que monter sur scène, tenir un micro et chanter devant un public représente. Bien qu'il ait déjà enregistré un disque, Mario reste humble, attentif aux critiques et aux conseils des professionnels. Il ne se la joue pas alors qu'il est loin d'être le moins doué ! Lui aussi, il est pudique. Il est en train de vivre un truc fort avec Jessica et gère bien la situation. Ce n'est pas facile.

Une fois le déjeuner avalé, ils filent dans la salle de danse pour une séance de relaxation. Ce n'est pas du luxe. On en connaît qui, ce soir, vont avoir du mal à canaliser la montée d'adrénaline. Famille, voisins et amis scotchés devant la télé, les élèves ont intérêt à assurer. « J'aurais voulu être un artiste... pour pouvoir faire mon numéro... » Lequel d'entre eux n'a jamais entonné les paroles de ce *Blues du businessman* ? Eh bien, le moment est venu de passer à l'action !

– Pas trop stressés ? s'inquiète la répétitrice.

Tout le monde a envie de hurler « Siiiiiii ! ». Quelques courageux pourraient se risquer à demander grâce et avouer qu'ils sont carrément explosés, découragés. Mais seuls quelques petits « non » faiblards se perdent dans la salle. Hypocrisie, ou orgueil mal placé ?

– On relâche les épaules et on se détend.

Pourvu que ça tienne jusqu'à ce soir !

– On inspire et expire lentement, le dos plaqué au sol... Pensez à rentrer le menton sur la poitrine... Étirez la colonne... En gonflant le ventre, vous agrandissez le diaphragme et augmentez votre capacité respiratoire.

Repenser aux cours de gym du lycée ne sert à rien. Se dire qu'il aurait fallu être plus attentif à l'époque non plus. Et regretter toutes les dispenses accumulées ne ferait que remuer le couteau dans la plaie.

Impossible d'échapper à l'effort, à la souffrance.

Après tout, ils sont entrés dans un autre monde. Dès lors ils doivent se familiariser avec de nouvelles règles, de nouveaux enjeux, de nouvelles coutumes et de nouveaux termes comme « direct *live* » et « *prime* » qui règlent leur vie comme du papier à musique.

Les élèves descendent les marches du plateau de la Plaine-Saint-Denis. Là où Arthur, Julien Courbet et tant d'autres tournent leurs émissions. Il n'y a pas de stars sans marches ; celles du palais des Festivals à Cannes sont les plus célèbres, mais pas les seules !

Nikos présente les filles, vraiment « canon » ce soir. Il propose un résumé de la semaine avec les moments forts vécus depuis l'arrivée joyeuse et au pas de course au château : les papotages dans la cuisine, les duos improvisés, maladroits mais sincères, le déjeuner de jeudi auquel deux invités de choix, Luc Plamondon et Shirel, ont été conviés.

Se retrouver à la même table que l'auteur de *Starmania*, il y avait de quoi se pincer...

Si les bons souvenirs sont passés en revue, les ratages sont également prévus au programme. Pauvre Patrice qui n'a pas franchement brillé aux cours de Kamel... ni à ceux de Vincent, d'ailleurs. Il en a bavé. Et ce n'est pas fini.

Vincent ne se gêne pas pour allumer les sportifs récalcitrants.

– Vous n'avez aucune volonté. Que faites-vous ici ? Vous êtes venus travailler ou simplement pour voir des stars ?

Quant à Raphaëlle Ricel, elle les a passablement

surpris. Surtout au début, lorsqu'elle a demandé à Sidonie de symboliser un chewing-gum, à Olivia d'être une guitare et à Jenifer de se mettre dans la peau d'un œuf dur. Pas pour dérouter son auditoire, tout simplement pour faire travailler son imagination. Y a du boulot !

Nikos les branche – il fallait s'y attendre – sur leurs histoires de cœur passées et à venir. Zoom sur Olivia qui a un coup de blues même si Harold, son copain, se réjouit pour elle et l'attend. La séparation lui pèse.

– Je voulais te dire que je t'aime à la folie, la déclaration que tu m'avais faite à la télé je n'en ai pas perdu une miette, je pense fort à toi et bonne chance.

Olivia, aux anges, lui retourne le compliment.

– Je t'aime à la folie, je pense à toi et je puise toute ma force dans notre amour pour continuer.

Pour qui aime l'étalage de la vie privée, c'est un sans-faute. Sinon, on se dit qu'il faut remercier le Ciel de ne pas voir un petit ami faire le coup de la déclaration en direct *live* devant des millions de témoins. Jenifer, qui se croit épargnée, ne va pourtant pas y couper. Nikos s'aventure sur un terrain qu'elle devait redouter. Mais la peur n'évite pas le danger. Les images de Jennifer et de Jean-Pascal dans leur petit jeu du chat et de la souris défilent.

– Jeni est une fille qui me plaît beaucoup. Je préfère attendre pour voir comment ça se passe. Il faut monter les marches une à une [*encore une histoire de marches* !] pour être sûr d'arriver en haut.

Elle ne peut pas ne pas sentir tous les regards

braqués sur elle. Et encore, elle échappe à ceux des millions de téléspectateurs qui ont assisté à la déclaration de J.-P. ! Comme dans le film *Chérie, j'ai rétréci les gosses*, elle rêve forcément de diminuer de moitié. Toujours à l'aise, J.-P. est mort de rire. Et le public de scander : « Un bisou, un bisou ! » Avec un peu de chance, l'épaisse couche de fond de teint devrait masquer le feu qui envahit ses joues. Elle passerait volontiers à autre chose, mais Nikos insiste.

– Ça s'impose, Jenifer !

De quoi je me mêle ?

Quelques interminables minutes plus tard, le duo *Paroles, paroles* la tire d'affaire. Ils l'ont bien répété, dans la complicité la plus totale. Probablement obnubilée par les cours d'expression scénique de Raphaëlle, Jeni a bien failli terminer en solo, car joignant le geste à la parole elle s'est retournée vers J.-P. qui a évité de justesse un coup de micro à la tête. Ah, cette prof, avec sa manie de vouloir leur faire « vivre » les chansons ! Au prochain cours, c'est certain, elle jugera utile de leur apprendre une technique essentielle pour se produire sur scène : comment ne pas assommer son partenaire.

Non seulement il faut bien chanter, bien bouger, bien s'habiller mais aussi être charismatique – dixit Alexia – si l'on veut avoir une chance dans ce métier. Ce soir, Carine est sauvée. Elle a sa chance. Mais exit Catherine et Khalifa. À écouter François, Khalifa n'arrivait pas à s'intégrer au groupe.

– On a tous essayé d'aller vers lui, mais c'était un mec vraiment trop fier.

En remontant dans le bus, étourdie par tant de joie, Jenifer ne peut s'empêcher de marquer un petit temps d'arrêt sur les marches – eh oui, toujours elles ! – pour se retourner vers les spectateurs et leur envoyer des baisers.

Dimanche 28 octobre 2001

Aujourd'hui, c'est le passage à l'heure d'hiver. Excellent prétexte pour faire la grasse matinée. Dehors il y a un soleil magnifique. Tous les élèves profitent du jardin, histoire d'arriver en forme au cours d'expression scénique. Raphaëlle Ricel les attend à 17 heures tapantes. Au programme : se souhaiter le bonjour. Décoiffants, les cours de Raphie. On se demande où elle va chercher tout ça. Elle les interroge sur leurs trois principaux défauts.

Jenifer connaît les siens sur le bout des doigts : trop gentille, trop gourmande et trop susceptible. Ça fait beaucoup de « trop ».

– Si vous aviez une baguette magique, que changeriez-vous ?

Raphaëlle ne devait pas s'attendre à une réponse si rapide de la part de Jenifer, très en retrait depuis son arrivée au château.

– J'exigerais le sourire pour tout le monde.

Finalement, ces exercices ne sont pas si loufoques qu'ils en ont l'air. Ils permettent aux élèves de rectifier le tir : Jenifer peut ainsi gommer sa timidité, François canaliser son trop-plein d'énergie, Jessica soigner sa diction et maîtriser son excessive sensibilité, Patrice extérioriser ses sentiments.

Alexia le leur a assez répété : « Pour exercer ce métier, il faut s'affirmer, s'imposer. » Ils commencent à comprendre pourquoi et comment Raphaëlle peut les y aider. Après tout, ils sont là aussi et surtout pour tirer le meilleur parti de leur personnalité. Mario, lui, semble à l'aise dans toutes les situations, même si les profs souhaitent qu'il se lâche un peu plus. Un vrai caméléon. Il se montre tour à tour appliqué, concentré avec les profs, gentleman avec les filles et déconneur hors pair avec J.-P. Ces deux-là s'entendent comme larrons en foire. Il suffit de les voir à l'œuvre quand ils décident de déclencher une bataille de petits-suisses à table...

2 h 30 du matin

Impossible de dormir. Olivia et Cécile papotent dans le noir. Jean-Pascal et Jenifer, assis sur les marches du château, en font de même. En fait, Jeni déprime grave. Et si personne ne voulait d'une chanteuse rondelette ? Elle regrette sans doute de ne pas avoir eu la patience d'attendre le dîner et de s'être fabriqué vite fait un sandwich jambon-cornichon-mayonnaise. Mais ni la honte ni les regrets n'ont jamais fait perdre un gramme à qui que ce soit. J.-P. la prend dans ses bras et la cajole. Plonger, ou ne pas plonger ? Telle est la question.

Et Mario, véritable pousse au crime, lui conseille de n'écouter que son cœur. Avec ça, elle est bien avancée.

Comment fêter sa bonne humeur retrouvée ? En savourant une bonne assiette de frites ? Incorrigible. À en juger par le rythme d'enfer que Vincent et Kamel leur font mener à tous, Jenifer finira bien par faire fondre les kilos indélicats ! Et puis, si elle était si monstrueuse que ça, Carine ne l'aurait pas baptisée Minnie. Tout le monde sait que la femme de Mickey n'est pas un thon.

Il est vrai que Carine vise également le look top-modèle et qu'elle aussi a un peu de marge avant d'y parvenir. Mais ses yeux myosotis, son sourire de nacre et son nez mutin font oublier les petits kilos non désirés ! À défaut de pouvoir agir immédiatement sur sa ligne – ce nutritionniste de malheur s'en chargera –, Jenifer peut d'ores et déjà s'attaquer au décor. Ça sera fait. Il est superbe, ce château. Mais il est temps qu'elle se sente un peu chez elle ici. Dans le salon, dans sa chambre à Nice, il y a des photos partout. Jenifer a été mitraillée pendant toute sa jeunesse et si ça continue elle le sera encore tant et plus. Cela explique peut-être le besoin et le plaisir qu'elle prend à shooter J.-P. sous toutes les coutures. D'ailleurs, quand il s'est aperçu que Jeni avait épinglé une photo de lui au mur, il a semblé touché. C'est qu'il est plein de sensibilité, même s'il ne le montre pas toujours. En revanche, ce qu'il montre un peu trop, c'est son côté bordélique. Tout l'inverse de Jenifer ou de Mario, plutôt du genre soigneux. Pas comme Patrice qui tire-bouchonne allègrement toutes ses affaires et les sème au gré de son humeur dans les couloirs du château. De toute façon, Jeni et Mario – autre point commun – aiment bien trop les fringues pour leur faire subir pareil sort.

Tôt ou tard, l'organisation des travaux ménagers devait revenir sur le tapis. Le ton monte entre les garçons. Il va falloir que les allergiques au Paic Citron se fassent violence s'ils ne veulent pas se prendre des réflexions désobligeantes. Il y a du planning dans l'air !

J.-P. retient si bien la leçon qu'il range un peu la cuisine pendant que Jenifer met deux couverts et demi sur un plateau, histoire de montrer sa bonne volonté. Pour se donner mutuellement du cœur à l'ouvrage, ils entonnent en chœur *Oh, happy day*. « Happy day », façon de parler...

Lundi 29 octobre 2001

Sacré J.-P. ! Lui, le mauvais sujet, imite le prof de gym. Comme toujours pour épater la galerie. Mais Vincent, qui arrive en retard, leur a concocté un programme chargé : remise en forme, entraînement cardiaque, renforcement musculaire ainsi que du step pour avoir une bonne coordination musique-physique. Sans être une spécialiste du fitness, la petite Jenifer ne s'en tire pas trop mal.

Seulement il y va fort, Vincent. Il est bien gentil, avec ses fléchissements, mais elle commence à demander grâce ; au point de finir par s'écrier : « Je peux pas ! »

Ce que les élèves préfèrent dans ses cours ? L'entendre prononcer ce mot magique : « Relâchez. » Ils s'accrochent. Ils ont intérêt, s'ils ne veulent pas se faire jeter au cours de Kamel. Car lui non plus ne fait pas de cadeau. La preuve, il n'est pas tendre avec Jessica. Lui jeter en pleine figure, devant tout le monde, « Tu es jolie, c'est dommage que tu parles comme ça », elle a été blessée. Jess est une fille hypersensible et fragile. Elle a vécu des moments difficiles avec son père, depuis le divorce de ses parents, et souffre de ne pas avoir grandi au sein d'une famille unie. François a trouvé le mot juste : « Jessica a la rage. En fait, elle pique une colère contre elle-même. »

Mais il ne faudrait pas que la colère devienne contagieuse. C'est un peu comme le rire ou la fringale. Ça se déclenche facilement et ça se propage à la vitesse grand V.

Stéphane a pris la tête à tout le monde avec ses grands airs. À force de se comporter comme une star capricieuse en vacances dans un quatre-étoiles, Steph a fait très fort. Il a réussi à se mettre les profs et les élèves à dos. Bonjour l'ambiance. Mario ne supporte pas ce type « égocentrique et arrogant ». Dans la salle d'entretien, c'est au tour de Carine, d'habitude si souriante, d'extérioriser son ras-le-bol. Elle a envie de voir régner la bonne humeur et elle n'est pas la seule. Franchement, elle est pas belle, la vie de château ?

Heureusement, la production a eu la bonne idée d'inviter des artistes brésiliens. Voilà qui tombe à pic pour détendre un peu l'atmosphère. Ils ont fait des démonstrations d'un art martial un peu particulier, la capœira, un mélange de technique de combat et de chorégraphie sur des rythmes de samba. De quoi se défouler.

Ce soir, les élèves font l'apprentissage de la vie d'artiste avec le courrier des fans auquel il faut apprendre à répondre. Évidemment, Jenifer devait s'y attendre, elle a droit à des questions sur Jean-Pascal.

– Que préfères-tu et que détestes-tu chez lui ?

– Je préfère son humour et ses yeux. Je ne déteste rien.

C'est bien ça le problème.

Au tour de J.-P. de connaître les – mauvaises – pensées de ses groupies. Et Dieu sait s'il en a, des groupies.

– Si tu es toujours célibataire en sortant, je suis là. Bisous !

– On ne sait pas de quoi demain sera fait, tu peux me laisser ton numéro de téléphone et tes mensurations, a-t-il le culot de répondre.

Ce petit jeu de macho a l'air d'agacer Jeni. Elle trouve « qu'il donne de faux espoirs aux filles ».

Dans un tout autre style, Grégory déchaîne les

passions. Une mélomane lui fait carrément du rentre-dedans.

– J'aimerais que tu passes un soir en bagnole et que tu mettes Caruso à fond. Comme ça, je saurai que c'est toi.

Grégory, qui avait peur de ne pas emballer, explose de joie.

Patrice, lui, suscite la curiosité. Au point que l'une de ses fans lui demande :

– Tu es souvent discret. Est-ce ta nature, ou cherches-tu à te préserver ?

– Je n'ai pas l'impression de me retenir, j'ai tendance à être discret, lui répond-il. Je ne me balade pas à poil comme Jean-Pascal, la serviette sur l'épaule. Je préfère être en retrait, mais être là.

Mardi 30 octobre 2001

Quel brise-fer, ce Patrice ! Sous ses airs de Pierrot lunaire, il a une poigne de sumotori. Il avoue avoir cassé le fauteuil dans le jardin, puis le lit. Va-t-il subsister du mobilier ? Il semblerait que non. Rebelote avec une deuxième chaise de jardin qu'il a destroyée en moins de deux !

Ce soir, les élèves se font la belle – avec la bénédiction de la directrice – pour aller voir la pièce de Laurent Baffie *Sexe, magouilles et culture générale*. À la Star Academy, le mardi, c'est permis !

Malheureusement, il n'y avait que dix invitations. J.-P., Grégory, Patrice et Stéphane ont accepté de rester au château. Mais lorsque les autres seront de retour au bercail, tous auront la bonne surprise d'assister à un super feu d'artifice tiré en l'honneur de Jessica. Vingt-trois ans, ça se fête. Elle en sera toute retournée, Jess. Et quand les Academyciens entonneront *Joyeux anniversaire*, elle éclatera en sanglots. Une fois remise de ses émotions, elle trouvera la force de souffler ses bougies et de prononcer un discours. Concis, mais précis :

– Respect, tolérance et compréhension. Je vous aime.

Super émouvant.

Mercredi 31 octobre 2001

Il y a des jours où tout va de travers. Au lieu de commencer un régime, Jenifer a complètement craqué pour une tarte aux pommes. Disons que c'est une récompense bien méritée car elle s'est carrément défoncée sur la choré de Kamel.

Patrice aussi a craqué. Il s'est fritté grave avec les techniciens chargés d'enregistrer sa prestation en studio.

Pour J.-P. non plus, ce n'est pas le beau fixe. Il refuse de faire ses vocalises.

– J'ai pas envie. Ça me gonfle.

Charmant pour Armande qui fait preuve d'une grande patience. La grossièreté de J.-P. en agace plus d'un.

– Tout le monde chante et moi je n'y arrive

pas ! Je ne sais pas ce que je fous ici ! Le con, c'est tout ce que je sais faire. Je me casse.

Vulgaire et déprimé, c'est le bouquet.

Après Stéphane qui, dès les premiers instants, a montré qu'il ne supportait pas la vie en communauté au château, c'est au tour de J.-P. de leur faire le coup du *Chant du départ*. Décidément, c'est une manie de vouloir faire sa valise au moindre coup de grisou... Quand on pense au mal qu'ils se sont tous donné pour être ici !

Grégory, Amandine et Patrice tentent bien de l'en dissuader mais se font envoyer sur les roses. Jenifer a l'air hyper mal et file pleurer dans la cuisine. Elle est persuadée que J.-P. va prendre la tangente. Le chant, c'est pas son truc. Il l'a assez claironné sur tous les tons, qu'il ne savait pas chanter ! Mais s'il met sa menace à exécution, Jeni va perdre un partenaire sur lequel elle comptait malgré tout. Ne serait-ce que pour la faire rire, pour la séduire. La Star Academy sans J.-P., ce ne serait plus tout à fait pareil.

18 h 45

Le verdict tombe. Les profs ont délibéré et désigné les trois nominés : Amandine, Grégory et Stéphane qui, abattus par la nouvelle, baissent les bras. Grégory téléphone à ses parents qui lui conseillent de s'accrocher. Mais Greg n'a visiblement plus la foi. Après tout, il a un métier, une vie, et il n'est pas prêt à se battre plus que ça pour rester.

Stéphane fait un tour dans la salle d'entretien.

– Les profs se plantent complètement à mon sujet. J'estime avoir montré tout ce que je pouvais faire, alors je dis merde...

Ça a le mérite d'être clair.

19 h 35

Autre verdict. J.-P. a finalement décidé de rester. Lui qui n'aime pas ranger défait sa valise et remet ses affaires dans l'armoire.

Après une journée pareille, jamais à court de trouvailles J.-P. se dit que Jenifer accepterait peut-être un baiser à travers une feuille de papier. Il a de la suite dans les idées et revient à la charge comme si de rien n'était. Mais il est bouché à l'émeri. Combien de fois faudra-t-il que Jenifer lui répète que les caméras la bloquent ? Lui, c'est l'inverse, elles le galvanisent. C'est quand même un peu perso, de s'embrasser, non ? Pourquoi ne pas se retrouver dans le même lit devant des millions de gens, pendant qu'il y est ? Patrice a raison quand il trouve J.-P. exhibitionniste. Plus il s'expose, plus il est content.

II

ÉMOIS DE NOVEMBRE

Jeudi 1er novembre 2001

Petit coup de blues. Normal. La date de la Toussaint signifie vraiment quelque chose pour beaucoup de familles qui ont perdu un être cher. Ainsi y a-t-il fort à parier que, ce jour-là, Mario et Jenifer ont pensé très fort à leurs grands-pères respectifs. C'est pour eux que l'un et l'autre ont voulu réussir. Parce qu'ils avaient su partager leur amour de la musique et les encourager dans cette voie. Jenifer n'a pas caché que la mort de son grand-père Roger, survenue l'an dernier, l'avait beaucoup affectée. « Il me manque énormément. »

Heureusement que la journée ne s'est pas terminée comme elle a commencé. Il faut dire que Stéphane a le don de mettre une mauvaise ambiance. Il s'est pointé au cours de Vincent avec ses lunettes de soleil et, bien sûr, a refusé de les enlever. La nomination de la veille est pour beaucoup dans son attitude, mais en attendant il perturbe le cours. On dirait même qu'il y prend un malin plaisir. Heureusement, tous les élèves ne réagissent pas de la même manière. La plupart, au contraire, ont la ferme intention de se défoncer et de profiter à 200 % des cours.

Aujourd'hui, Kamel a besoin de toute l'attention de son élève préférée. Jenifer doit travailler son interprétation de *Harley Davidson*, l'un des tubes de Serge Gainsbourg. Chanter est une chose, mais bouger et danser en même temps est une autre paire de manches. En tout cas, pour Jeni qui adore que l'on s'occupe d'elle, ça ne pouvait pas mieux tomber. Kamel l'observe, la motive, la guide, la conseille, la pousse aussi à sortir de son rôle de petite jeune fille réservée pour se glisser dans la peau du personnage. Il a raison. Pour cette chanson, il faut la jouer sexy et sensuelle. Après tout, si le prof de chant l'a surnommée Betty Boop, il y a peut-être une raison.

Interpréter une chanson créée pour Brigitte Bardot n'est pas facile. Mais c'est grisant. Gainsbourg fait d'ailleurs partie de ses références. Quand elle est entrée à l'Academy, on lui a demandé quelle chanson reflétait le mieux son état d'esprit. Sans hésiter, la réponse est tombée : *Sous le soleil exactement*.

Décidément, c'est sa journée. Armande n'a pas tari d'éloges sur son élève, appliquée et avide de perfection. Jeni a bien cru s'évanouir de bonheur quand elle l'a félicitée devant tous les copains, en pleine répétition de *La Musique*.

– Regardez Jenifer ! Ça, c'est une vraie chanteuse.

Du coup J.-P., qui n'a pas perdu une miette des répet' avec Kamel, essaie de s'appliquer. Pour séduire Jenifer, il faudrait peut-être moins faire le pitre et s'arracher davantage. Jean-Pascal semble – enfin ! – décidé à jouer le jeu. En tout cas, pour une fois, l'un et l'autre sont sur la même longueur d'ondes, boostés tous les deux en même temps. Ça mérite une mousse au chocolat qu'ils partagent en toute complicité.

Mais dans le sauna, où ils retrouvent Jessica, la température grimpe à toute allure. Au propre comme au figuré. Le mini-maillot sexy plaît à J.-P. qui se rince l'œil ; moins à Jenifer. Si ses yeux noirs étaient des pistolets...

Une teuf d'enfer a été organisée pour célébrer Halloween. Le château hanté, ça valait le détour. Les filles ont troqué leurs maillots affriolants contre des déguisements laids à faire peur. C'était le but du jeu !

Samedi 3 novembre 2001, 8 h 30

Tout le monde grimpe dans le bus, y compris les nominés, car les règles de la Star Academy ont changé. Désormais les nominés ne restent plus seuls au château pour répéter et les élèves ne se réunissent plus dans une pièce pour délibérer. Ce soir, ils voteront chacun leur tour en direct. À bord, c'est le calme plat. Tout le monde n'est pas épuisé à ce point et pourtant, ils se sont tous réfugiés dans un soi-disant sommeil. Pour éviter les questions embarrassantes du genre « T'as bien fait tes devoirs ? » ou « Quand comptes-tu ranger ta chambre ? », tous, petits, ont eu recours à ce subterfuge : faire semblant de dormir.

Arrivés à la Plaine Saint-Denis, ils constatent qu'une fan d'une quarantaine d'années attend J.-P. de pied ferme, une bécasse à la main. En arrivant à l'Academy, Jean-Pascal s'était immédiatement entiché d'une bécasse en plastique trouvée sur place, au château, et qu'il avait élue comme porte-bonheur. Ce n'est pas tombé dans l'oreille d'une sourde. J.-P. rate rarement une occasion de déconner. Tant mieux, car l'ambiance n'est pas au top. Dans les couloirs des studios, Nikos, attentif et plein de délicatesse, ressent le stress de ses poulains. Il les aime bien et les soutient autant qu'il peut, tout en restant en retrait. De fait, l'animateur les connaît par cœur. En effet, avant de commencer la Star Academy, il avait mené sa propre enquête. Résultat, on a parfois l'impression qu'il est encore plus triste que les nominés. En coulisses, il essaie de détendre un peu l'atmosphère en donnant un cours de sirtaki à Djalil et à François. Chapeau !

Ce soir, au *prime*, le public accueille les Academyciens encore plus chaleureusement que les deux samedis précédents. Les applaudissements résonnent encore dans leurs têtes. Les gens commencent à les connaître. À se rendre compte que, au château, il n'est pas question de glander. On peut même dire qu'ils se sont tous défoncés ! À commencer par Mario, qui a cassé la baraque avec la chanson *Peine maximum*, tirée des *Dix Commandements*. C'est son truc, la comédie musicale. En fait, il rêve de faire partie d'une troupe. Dans sa chemise marron, très classe, Mario, beau brun au regard de velours, fait play-boy italien. Les copains, les profs et le public sont bluffés par son aisance. C'est dire s'il a toutes ses chances. Nikos le félicite mais ne se gêne pas pour le chambrer, en direct, sur son côté méticuleux. Du coup, en trois minutes, des millions de gens vont apprendre que Mario passe un temps fou dans la salle de bains à se pomponner, à se regarder, à choisir ses fringues. Une vraie nana. Les clichés ont la vie dure ! Il n'est pas trop à la fête. Et on le comprend. En venant ici, Mario ne se doutait probablement pas que sa pudeur en prendrait un sacré coup. Grâce aux caméras et aux micros super indiscrets, on sait tout sur tout le monde et tout de suite ! C'est aussi ça, la vie d'artiste...

Mais Nikos devrait se méfier. Il arrive que des stars excédées règlent leur compte aux paparazzi qui les persécutent ou aux fouineurs qui révèlent leurs petites manies. En attendant, Mario ne dément pas ce qu'on dit de lui. Attend que ce supplice s'arrête. Il n'a pas le choix. Heureusement, Armande coupe court et cite Jenifer comme « la troisième élève la plus méritante de la semaine ». Agréable diversion.

– C'est une jolie brunette très pétillante qui s'appelle Jenifer. Elle a une voix très dynamique, très haute, très brillante. Son point faible c'est la justesse, pas encore impeccable.

Message reçu de la jolie brunette qui boit quand même du petit-lait.

Pendant la pub, elle est allée se changer. Jupe en cuir noir et top en cuir rouge. Très sex. Il fallait bien ça pour interpréter *Harley Davidson*. Une réussite totale. Il n'y a qu'à regarder la tête de J.-P. qui, bouche bée, la dévore des yeux.

Impeccable dans son rôle de coach, Kamel l'avait prévenue.

– La moto et toi ne devez faire qu'une.

La difficulté n'est pas là. Elle consiste plutôt à ne pas perdre de vue que la jupe de la belle amazone est hyper courte. De son propre aveu, Jeni a fort bien fait d'enfiler un maillot de bain noir au cas où.

Décidément, il est en forme, Nikos. Après la coquetterie de Mario, il s'attaque à un autre sujet sensible : le téléphone. Une minute par jour et par personne ; il y a intérêt à faire court et à dire l'essentiel.

Drôlement frustrant, de se retrouver du jour au lendemain sans la possibilité de parler autant qu'on veut à ses proches ! Le coup de fil devient un peu la minute de vérité de la journée. Les pipelettes et pipelets tout le temps pendus au téléphone ont du mal à s'y faire. Mais cet appel, si court soit-il, est hyper important. C'est même la seule manière de garder le contact avec l'extérieur, puisque les pensionnaires de l'Academy n'ont pas droit au courrier. Ni d'en envoyer, ni d'en recevoir. Ça fait un peu prisonnier, prisonnier de luxe, mais prisonnier quand même. Néanmoins, avec un peu d'ingéniosité, certains petits malins ont pu déjouer la surveillance de la dirlo. Djalil, Patrice et Olivia ont réussi à faire passer des mots à leurs familles en les glissant dans des paquets de M & M's. À ce petit jeu, Djalil a été champion. Il suffisait d'y penser et d'aimer les M & M's...

Ce rendez-vous téléphonique quotidien, qu'on pouvait d'ailleurs zapper, échanger ou carrément offrir, fait un peu penser à la chanson de Claude François *Le Téléphone pleure*. Pour certains d'entre eux, c'était vraiment ça. Jessica a passé des tas de coups de fil à ses parents pour surmonter son blues. Elle a beaucoup pleuré, cette semaine, car elle a ressenti un grand vide. Elle ne supporte pas leur séparation. Il y a aussi les égoïstes, qui la jouent un peu trop « perso ». Olivia reproche à Catherine d'« exploser le compteur pour dire bonjour à son chien sur le temps de parole des autres », mais souligne que J.-P. n'était pas le dernier à faire cadeau de son temps. Si Olivia devait changer quelque chose à l'Academy, elle commencerait par augmenter les minutes autorisées !

Pour d'autres, c'est plutôt un moment propice aux confidences, aux aveux, aux déclarations. C'est au téléphone que J.-P. a confié qu'il kieffait Jenifer. De son côté, celle-ci a éprouvé l'envie de tâter le terrain à la maison pour voir si son père ne prenait pas trop mal le fait qu'elle sorte avec Jean-Pascal. Pas forcément pour avoir sa bénédiction, mais un peu pour prendre la température. De toute façon, Jeni ne prenait pas de gros risques. On voyait mal son père se montrer autoritaire devant des millions de gens. Quant à la mère, sa réaction était forcément différente. Sa fille lui avait déjà présenté Jean-Pascal au casting.

La soirée a été chargée en émotion. Quand Nikos a annoncé une surprise pour Jessica, qui a soufflé ses vingt-trois bougies au château mardi, tous les cœurs battaient à l'unisson. Personne n'imaginait que ses parents, Solange et Antoine, séparés depuis dix ans, débarqueraient ensemble sur le plateau. Et surtout pas elle ! Une vraie fontaine, Jessica. A-t-elle jamais reçu un aussi beau cadeau d'anniversaire ? Difficile de faire plus émouvant. Là, ils ont assuré grave, à la production...

Côté émotion, d'ailleurs, chacun a eu son compte. Le clip de *La Musique*, enregistré toute la semaine, est diffusé. Jenifer a fait un solo dans la chanson ; ce qui n'est pas le cas de tous les élèves. Bon signe !

Sur le plateau, autre surprise, le P.-D.G. d'Universal Music France, Pascal Nègre, vient en personne annoncer que lundi le disque sera envoyé aux radios. Dans trois semaines, il sera dans les bacs. Tous explosent de joie. Ils n'en reviennent pas. Écarquillent les yeux. Il a raison, Vincent, de surveiller leur rythme cardiaque.

Quand on pense au mal qu'ils se sont donné pour frapper à quelques modestes portes, qu'on leur a immédiatement refermées au nez... Là, ils ont le big boss d'une méga-maison de disques en face d'eux, livré sur un plateau – c'est le cas de le dire – avec son Sésame ouvre-toi. On imagine les familles, devant leur téléviseur, les yeux sortis de la tête comme le loup de Tex Avery, en train de se pincer pour le croire. Dans cette histoire, il y a de quoi halluciner total. Tout y est, dans le genre conte de fées : la bergère, le prince et le château...

23 h 17

Portait de groupe – à treize – pour les journalistes.

Jenifer s'approche de J.-P. et l'embrasse. Enfin. Les autres n'en reviennent pas et hurlent de satisfaction. Depuis le temps qu'ils attendaient ça !

Qu'est-ce qui lui a pris ? On n'en sait rien. Avec tout ce bonheur reçu ce soir, peut-être avait-elle aussi envie d'en donner ?

J.-P. file ventre à terre dans la salle d'entretien et déverse sa joie.

– J'ai eu droit à mon bisou. Ça y est, c'est bon ! Je viens d'avoir mon petit bisou !

Jeni a fait un heureux. Il tourne autour de Patrice et de François comme un Sioux en leur serinant le même refrain.

– J'ai eu mon bisou... J'ai eu mon bisou...

Ce grand dadais qui ne s'endort jamais sans son doudou a parfois cinq ans d'âge mental ! Mais il démontre aussi que la persévérance et la patience finissent par payer.

Dimanche 4 novembre 2001

La matinée avait bien commencé. Trop bien. Petit déjeuner joyeux. Cours de claquettes amusant.

J.-P. passe un coup de fil à sa mère et en profite pour lui demander la recette du pot-au-feu. Il a l'intention de se mettre aux fourneaux pour ses copains qui s'en pourlèchent d'avance. Mais Pierre Secnazi, le nutritionniste, passe par là et leur tient un discours qui casse carrément l'ambiance.

– La nutrition, c'est ce qui va vous permettre d'être mince ou pas, car tout le monde n'est pas fait pour être mince. Le but est d'atteindre le poids le plus bas et d'y rester longtemps pour rester en forme. Et pour cela, le meilleur des supports reste l'alimentation.

Tous les élèves sont passés en revue. Le nutritionniste annonce son verdict. Décidément c'est une manie, les verdicts, à l'Academy. Grégory, François, Jessica et Jenifer sont désignés comme les heureux gagnants. Une victoire dont ils se passeraient bien. Les voilà invités à monter sur une balance électronique sophistiquée capable d'évaluer la masse musculaire et la masse graisseuse. 28,5 % de masse graisseuse au lieu de 25 %. Jenifer a juste entre trois kilos et demi et quatre kilos à perdre. Résignée, elle plaide coupable et se précipite dans la « cabine téléphonique » pour annoncer la nouvelle à sa mère qui change très vite de sujet et lui assure :

– On est fiers de toi.

Dans la salle d'entretien, ses bonnes résolutions ne l'ont pas quittée.

– Il faut que je m'y mette. J'ai quatre kilos en trop, donc je commence dès demain matin et je promets de les perdre, ces kilos. J'arrête tous les grignotages. Là, j'ai la volonté !

J.-P. aussi. Il a même de la volonté pour deux. Il lui promet qu'à la sortie, il l'emmènera manger des fruits de mer sur la plage devant un magnifique coucher de soleil. Ça ne fait pas grossir, les fruits de mer !

Pas question de se laisser abattre pour quelques petits kilos encombrants. Surtout lorsqu'elle assiste au bonheur de J.-P. qui a envie de crier sur tous les tons qu'il est amoureux.

– C'est cool, on s'entend bien... Je tiens à elle et ça me donne encore plus de patate pour avancer, avoue-t-il, mal à l'aise dans l'imposant fauteuil, unique mobilier de la salle d'entretien. Au début, j'avais peur que ça fasse chier les autres. Je ne voulais pas qu'il croient que je ne pourrais plus déconner avec eux parce que j'avais une copine. Mais Jenifer et moi, nous ne sommes pas tout le temps collés l'un à l'autre.

On comprend pourquoi la mère de Jean-Pascal, chaque fois qu'il lui téléphone, lui demande de ne pas dire trop de gros mots.

C'était un peu la journée des déclarations, d'ailleurs. Par exemple, aujourd'hui, les parents de Jessica sont venus lui rendre visite au château. Ils étaient vachement émus tous les deux. Jessica a craqué mais de soulagement, cette fois, car son père, avant de partir, l'a encouragée à continuer et lui a dit qu'il était fier d'elle. Elle en avait besoin. C'est dur d'être seule, sans petit ami, sans copains, sans parents, sans famille. Il était temps que son père la prenne dans ses bras.

Lundi 5 novembre 2001

À part les quelques fous rires volés au cours de chant pendant les exercices d'articulation (un chasseur sachant chasser, je veux et j'exige, etc.), la journée d'aujourd'hui a été plutôt galère.

J.-P., avec sa franchise habituelle – c'est ce qui plaît à Jenifer –, a traité François de lèche-cul qui, à son tour, l'a accusé d'être jaloux. J.-P. en a rajouté.

– On est jaloux de quelqu'un de supérieur à soi, et ce n'est pas le cas.

Ça promet !

Quant à Amandine, elle a le moral à zéro.

– Je ne vois plus où est l'avantage d'être ici. J'ai besoin d'espace, j'ai l'habitude d'avoir mon indépendance.

C'est ce qu'elle a confié à Grégory qui, visiblement, était le seul à connaître son irrévocable intention de quitter la Star Academy.

Les élèves apprennent sa décision au cours du dîner. Tout le monde est sonné. Ça leur a coupé l'appétit. En guise d'explications, Amandine leur dit qu'à son avis ils sont trop nombreux dans cette école, que l'opportunité de prouver quoi que ce soit est quasi inexistante. Bref, elle s'attendait à autre chose. Les plus gênés s'en vont. C'est ce qu'elle fait.

L'heure de son départ est arrivée. Personne n'a rien compris au film. Jenifer a à peine le temps de la prendre dans ses bras. Pendant ce temps-là, les autres entonnent *Ce n'est qu'un au revoir*. Amandine ne verse pas une larme. Elle monte en voiture et quitte ses partenaires sans regret. C'est Jeni qu'il faut consoler maintenant (merci Grégory) car elle ne s'attendait visiblement pas à ce coup de théâtre qu'elle perçoit – et elle n'est pas la seule – comme une cassure.

Pour couronner le tout, Jenifer, encore sous le choc, a surpris des bribes d'une charmante conversation entre Carine et Sidonie : « ... Ici il faut sortir avec quelqu'un pour rester... » Même si ce n'est pas dit ouvertement, elles lui reprochent de mettre en avant sa relation avec J.-P. pour se mettre elle-même en avant.

Alexia avait raison. Il y a de la jalousie dans l'air. Jenifer semble anéantie par de telles méchancetés, même si elle affirme à J.-P. qu'elle s'en fout. Elle craint que le public ne la juge mal et voit en elle une manipulatrice, une calculatrice qui avait caché son jeu. Du coup elle craque et va pleurer toute seule dans son coin. Drôle de coup de grisou ! Ces paroles blessantes l'ont vraiment meurtrie.

Pas plus surprise que ça, la directrice tente de rassurer la pauvre Jeni.

– Il est normal que tu suscites de la jalousie. Tu dois t'y attendre car tu as déjà chanté plusieurs fois aux *prime*. Mais cela ne doit pas t'affecter non plus. Il ne faut pas se mentir ; il n'y aura qu'un gagnant, donc les rivalités ressortiront de toute façon.

La rivalité, elle ne la voyait pas comme ça. Elle ne la voyait peut-être pas du tout. Du coup, les deux mois à venir risquent d'être un peu *hard*. Il va falloir qu'elle se fabrique des nerfs d'acier.

Mardi 6 novembre 2001

S'il fallait résumer la journée en une phrase, on pourrait dire que Jenifer a assuré un max. En tout cas, pour ses camarades, plutôt que la vie de château ce fut la soupe à la grimace.

Patrice rame comme un galérien. Il s'accroche mais il y a un boulot monstre. J.-P., Grégory et lui se sont carrément fait traiter de nuls par Vincent. Impec pour mettre de l'ambiance.

À ce jeu de massacre personne n'est épargné, même pas les meilleurs éléments. Jenifer s'est pris une réflexion de Raphie lui reprochant son manque de concentration lors des répet' du *Dilemme*, extrait des *Dix Commandements*. Elle n'a pas tort. Mais les profs se rendent-ils compte que les apprentis chanteurs stressent à mort parce qu'ils n'ont qu'une chose en tête : l'évaluation ? Résultat, ça tourne parfois à l'obsession.

Mario, François et Grégory ont beau le chanter sur tous les tons, ils ne sont pas encore « les rois du monde ». Raphie s'en prend à François qu'elle juge trop perso. Du coup, ne sachant plus où il habite, il se confie en salle d'entretien, blessé par les réflexions de son « bourreau ». Et il appelle un pote pour trouver un peu de réconfort car il se sent incompris. Jenifer, qui avait la téléphonite aiguë, a levé le pied sur les papotages via France Télécom. Il faut dire que bonjour l'intimité. Et puis il y a d'autres urgences.

À l'évaluation, elle s'en sort avec les honneurs.

Petit haut noir et pantalon rouge. Souvent en rouge et noir, comme dans la chanson de Jeanne Mas. Les profs remarquent son effort vestimentaire. Et qu'on ne vienne pas lui dire qu'elle n'a pas cassé la baraque en danse ! Raphaëlle retrouve le sourire et félicite Jenifer pour son perfectionnisme.

– Ah, s'ils pouvaient tous être comme ça, ce serait génial !

Malheureusement, ce n'est pas aujourd'hui que son vœu sera exaucé.

Être prise en exemple c'est bien, mais il ne faudrait pas lui coller l'étiquette de « première de la classe ». Ça risquerait de lui rappeler un peu trop le lycée. Autrement dit des souvenirs pas franchement impérissables.

Mercredi 7 novembre 2001

Aujourd'hui, on ne sait quelle mouche a piqué J.-P. Dès 6 heures du mat' il est sur le pont, bien décidé à répéter une chorégraphie de Kamel. S'il se mettait vraiment au boulot au lieu de gaspiller son énergie à grogner, il pourrait réellement progresser. Mais c'est plus fort que lui : ou il pète les plombs, ou il fait son Calimero. Ça se termine dans la salle d'entretien lorsque la situation est grave, et chez la directrice quand elle est désespérée.

– Quand c'est Carine ou François qui demandent un conseil à Kamel, c'est très bien. Moi j'ai juste demandé au prof de m'expliquer un pas de danse et le seul mot qu'il a à la bouche c'est « concentration ». Je ne vais pas me mettre à genoux. Ça commence à me gonfler !

Et c'est reparti. À se demander comment était J.-P. au lycée, tant il a visiblement un problème avec l'autorité. On aimerait bien, comme ça, pour le fun, jeter un œil sur ses bulletins scolaires. Ça devait être gratiné. Jean-Pascal a dû en collectionner, des heures de colle !

En fait, quand il se comporte ainsi, il ne faut pas être grand clerc pour comprendre ce que ça cache : une trouille bleue. Les nominations le minent, comme elles minent tout le monde. Rien de bien étonnant à cela.

Si J.-P. démarre au quart de tour, il retrouve le moral avec la même rapidité. En moins de temps qu'il n'en faut pour le dire, il passe du rire aux larmes, des blagues aux insultes, du romantisme à la grossièreté. Là, sur le moment, il est fier comme un « bar-tabac » d'avoir trouvé une idée géniale pour évacuer son stress et celui des autres. Il branche Mario qui est plus que partant.

– Une soirée string, ça te dit ? On va faire les cons.

Et pour ça, il s'y connaît. Il pourrait même donner des cours.

Mario semble de plus en plus apprécier J.-P. D'ailleurs, c'est réciproque. On dirait qu'entre eux une solide amitié se tisse au fil des jours.

En attendant de faire les cons, la tension est à son comble. Les nominations cassent le moral des troupes. Et quand Nikos cite les noms des nominés (Grégory, Sidonie et J.-P.) un peu avant 19 heures, tout le monde se lâche : le premier rigole, la deuxième pleure à chaudes larmes et le troisième, pour changer, explose.

– Je ne peux pas faire plus !

Les enseignants reçoivent les élèves nominés un à un pour leur signaler ce qui ne va pas. J.-P. a l'habitude d'être sur la sellette. Au fond de lui, il sait bien qu'il pousse le bouchon un peu loin et plus souvent qu'à son tour avec les profs. Alors, une fois n'est pas coutume, il met de l'eau dans son vin.

– Si au moins vous m'aviez nominé pour mon caractère, j'aurais été d'accord à 200 % parce que je m'énerve facilement, je claque les portes...

Calimero a encore frappé.

Jusqu'ici, Jenifer et Mario ont échappé à cette terrible épreuve. J.-P., réfugié dans la cuisine, en a gros sur le cœur. Que faire pour lui insuffler un peu d'enthousiasme ? Le réconforter ? Un bisou ! C'est sa marotte. Jenifer accède à se demande. Olivia fait la même chose pour encourager l'agitateur découragé.

La soirée concoctée par J.-P. s'annonçait prometteuse. Promesse tenue. Soutiens-gorge et strings pour les garçons en délire. Les filles, elles, ont mis le paquet en les maquillant comme des voitures volées. Avec la couche de fard dont elles les ont tartinés, ils pourraient faire le trottoir sans problème.

Quand il faudra démaquiller ces messieurs, ils comprendront leur douleur et riront déjà beaucoup moins. Peu après, Jenifer videra son sac en salle d'entretien. Même si elle ne veut pas trop se laisser distraire de son but, elle a peur que J.-P. s'en aille. On verra samedi. En tout cas, s'il quitte le château, c'est la cata !

Jeudi 8 novembre 2001

La nuit porte conseil, dirait-on. Ce matin, J.-P. fait de très gros efforts. Il s'accroche comme un fou pendant le cours de step.

– Motive-toi, concentre-toi sur toi-même, lui répète Vincent.

Mais si le prof ne lui lâche pas un peu la grappe avec la concentration, il risque de péter encore un plomb !

En tout cas, ça ne rigole plus dans les rangs. J-3 pour le *prime*. Pendant les répet', Grégory subjugue son auditoire. Il faut bien avouer qu'il assure quand il chante *Belle*. À son tour, J.-P. se lance. Il interprète *Emmenez-moi* de Charles Aznavour et montre – enfin ! – qu'il sait y faire. Armande le félicite. Il a l'air d'un môme qui vient d'avoir une bonne note de la maîtresse et se balade une bonne partie de la journée avec une pancarte qu'il a confectionnée et sur laquelle on peut lire : « Votez J.-P. »

Quelle girouette, celui-là ! Après avoir râlé comme un putois sur la mauvaise foi des profs et menacé de claquer la porte – pardon, la grille ! – du château, il fait des pieds et des mains pour rester. Faut suivre. Mais personne ne songerait à s'en plaindre. Son attitude, revue et corrigée, fait plaisir à tout le monde. Un peu de calme et d'harmonie dans ce monde de brutes, comme dirait la pub, ne peut nuire à personne. Sidonie aussi cherche des voix désespérément. Fine mouche, elle a pigé que les téléspectateurs suivaient assidûment les séances filmées dans la salle d'entretien. Alors elle en profite pour en remettre une couche et dit qu'elle VEUT AB-SO-LU-MENT rester au château.

Comme chantaient les Clash : « *Should I stay or should I go* ? » Pour la majeure partie des élèves, c'est clair, seule la première hypothèse les intéresse. Mais il peut s'en passer des choses au cours des soixante-cinq jours qui viennent !

En attendant, Jenifer est l'une des élèves qui se régale le plus avec le cours de salsa. David, le prof qui s'en charge, est super. J.-P. est mort de rire mais pas franchement appliqué. On ne peut pas tout avoir. Jenifer l'oblige un peu à s'y mettre. Ce n'est pas le genre de fille à aimer faire tapisserie. Et si J.-P. parvient à ravir le cœur de sa belle, il faudra qu'il suive le mouvement.

Encore un exemple pour prouver que la vie de

château a du bon. Les ados ont souvent dû se faire remonter les bretelles en rentrant de boîte à pas d'heure. Et là, tout ce qu'on leur demande, c'est justement de danser jusqu'à plus soif. De chanter et de danser toute la sainte journée.

La vie de château ? C'est peut-être un peu vite dit ! Car après dîner, les élèves de la Star Academy ne se tournent pas toujours les pouces. Ils font leurs devoirs. Comme dans une vraie école. Des devoirs tout de même plus marrants que les tables de multiplications ou les conjugaisons ! Répondre aux messages des fans, c'est carrément top. Dans le petit salon, ils s'affichent sur l'écran. Dans ceux qui lui sont adressés, J.-P. est souvent allumé sur son comportement.

– J.-P., es-tu le même dans la vie qu'à l'Academy, car j'ai l'impression que tu joues un rôle ?

– Absolument pas, je suis le même.

Quand on lit de temps à autre dans les magazines les délires de groupies qui font une fixette sur leur idole, on n'y croit pas toujours. Pourtant, cela existe. Si Mario devient célèbre – ce qu'on lui souhaite –, il a déjà un aperçu de ce qui l'attend.

– Mario, en espérant te rencontrer un jour, mes mains dessinent dans le soir la forme d'un espoir qui ressemble à ton corps.

Sur le coup, il n'a pas l'air follement à l'aise, puis éclate de rire et répond avec humour :

– Alors, heureusement que tu n'es pas là !

Au tour de Jenifer de savoir ce que les gens attendent d'elle, comment ils la perçoivent.

– Tu as déclaré : « Si je gagne, je paie le

mariage. » Est-ce que tu étais sincère ou étaient-ce des paroles en l'air ?

– Oui et j'invite tout le monde, mais maintenant je vis ça au jour le jour. Je ne dis pas qu'on va se marier J.-P. et moi. On verra, mais si ça se passe toujours aussi bien dehors, O.K. !

À l'Academy, non seulement les pensionnaires vivent en vase clos, mais ils sont victimes du décalage horaire. Ils se couchent de plus en plus tard. Ainsi, à une heure très très avancée de la nuit, Grégory confie à Mario qu'il en a marre de faire ses valises. Il se promet de ne plus jamais être nominé s'il est repêché. Le côté *Aventurier de Koh Lanta* qui se pointe au Conseil avec son baluchon au cas où, ça ne l'amuse plus beaucoup.

Vendredi 9 novembre 2001

De bon matin, J.-P. annonce la couleur : il veut rester. Il n'en démord pas.

– J'ai la frousse. Je ne me vois pas partir maintenant.

Au Q.G. – la cuisine – Jean-Pascal et Grégory songent à l'avenir et se demandent comment ils vont reprendre une vie normale après la Star Academy. Le psy se fera un plaisir et un devoir de répondre à toutes leurs interrogations. Pour l'instant, ils n'en sont pas encore là. Ils essayent de penser à autre chose. À la soirée déguisée qui se prépare, par exemple. Super-idée de la production qui bichonne ses ouailles avant le stress du *prime*.

Comme personne n'est autorisé à quitter le château des Vives-Eaux – sauf permission spéciale et sous haute surveillance –, des soirées à thème sont organisées à domicile. Ce soir, au programme : petits plats et musique latinos, histoire de transporter la fine équipe à Rio. Jenifer se retrouve déguisée en doudou antillaise. Pour avoir l'air plus crédible, elle a eu droit à un rembourrage d'enfer. Si le nutritionniste la voyait, il changerait illico de métier !

Dans cet accoutrement coloré on ne peut pas dire qu'elle soit la plus sexy de la troupe, mais se glisser dans la peau d'autres personnages fait partie du métier. Une fois la danse et le chant parfaitement maîtrisés, beaucoup de chanteurs envisagent sérieusement de prendre des cours de comédie. Pourquoi pas elle ? D'autant qu'elle répète à l'envi que le cinéma l'a toujours fait rêver.

Dommage que Jean-Pascal ne participe pas à la petite fête ! Il prépare sa valise avec une tête de chien battu. Tristesse qui ne dure pas bien longtemps puisque, à peine redescendu, il improvise, en deux temps trois mouvements, une sacrée bataille de guacamole avec Mario et Patrice. Barbouillés de pâte verte, en deux secondes ils ressemblent à des Martiens. Ne manque plus que la soucoupe volante. Patrice enlève le plus gros dans la cuisine et Mario s'éclipse dans la chambre pour se changer. Il réapparaît propre sur lui, nu comme un ver, se croyant seul dans la salle à manger. Raté. J.-P., qui était en train de balayer, a bien failli s'étouffer de rire en voyant le tableau.

Une fois les costumes rangés dans la malle, Jeni se remet à flipper. Pendant les répet' de *La Javanaise*, Jean-Pascal n'était pas à ses côtés. A-t-elle ressenti un grand vide ? Est-elle effrayée à ce point de devoir continuer l'aventure sans lui ?

Samedi 10 novembre 2001

Au retour du *prime* – le quatrième ! – ils sont tous décalqués. Explosés de fatigue mais heureux. Dans le bus, J.-P. hurle de joie d'avoir été plébiscité par le public. Il avait promis de faire le petit déj' s'il était sauvé. Sidonie aussi nage dans le bonheur et ne cache pas sa joie d'avoir été repêchée par les élèves. Sauvés par le gong... jusqu'à samedi prochain !

Tous sauf Greg, qui doit être drôlement déçu. Son père également. Il avait raconté aux autres candidats que, quand il était bébé, son paternel mettait sous son berceau un magnéto pour qu'il se familiarise avec la musique.

Mario, lui, est complètement nase. Il faut dire qu'il a eu une drôle de journée. Le pauvre. Il s'est retrouvé face à face avec son ex-petite amie, venue le voir sur le plateau. Il y a des surprises dont on se passerait bien.

Pour être déconcentré, il n'y a pas mieux. Qui aimerait voir son ex débarquer en pleine émission de télé ? Pas évident pour ces non-professionnels – en tout cas, pour l'instant – de se produire en direct, sachant que des millions de téléspectateurs les regardent, à l'affût du moindre détail, de la plus petite réaction. Pour les élèves l'enjeu est de taille, et justement ce n'est pas uniquement un jeu. Si, de surcroît, il faut se retrouver nez à nez avec son ex, c'est invivable. Mario, tout comme Patrice et Jenifer, est très pudique. Il aime bien garder son jardin secret. Là, c'était plutôt raté. En plus, il devait être mal vis-à-vis de Jessica. Personne n'aurait voulu être à sa place, ce soir, même pour un empire. À commencer par lui ! Mais, malheureusement, il n'a pas eu son mot à dire.

– De la revoir au premier rang, c'était infernal. Je pensais l'avoir oubliée, mais j'ai dû quitter le studio pour aller vomir dehors, tellement j'étais mal. À un moment, j'ai prié la prod' de les faire tous sortir car j'étais incapable de continuer. Quelqu'un les a installés dans une loge quand j'étais sur le point d'interpréter *Belle*, une chanson que j'avais justement chantée à mon ex pour son anniversaire. Je lui avais dit « je t'aime » devant plein de monde. Revivre tout ça était tellement insupportable qu'à la fin j'ai demandé à ce qu'ils soient carrément virés du plateau. Quand l'intruse est partie, j'ai compris en regardant ses yeux qu'elle avait envie de me dire plein de choses. En tout cas, moi qui voulais effacer cette fille de ma mémoire, c'est foutu maintenant...

J.-P. a décidé de s'installer dans la chambre qu'occupait Grégory. Il propose à Jeni de venir le rejoindre et, comme elle décline l'invitation, promet de venir lui faire un bisou chaque soir.

Elle doit être soulagée, sinon heureuse que J.-P.

soit là. Tiendra-t-il la promesse de faire le petit déj' demain matin ? Et surtout celle d'accepter ses défaites et les remarques des profs ?

En attendant, François tient la jambe de ses compagnons de route jusqu'à 2 heures du matin. Franchement, est-ce bien le moment de philosopher ? Non, mais comment lui en vouloir ? Il a besoin d'exprimer son bonheur d'être encore dans le groupe. Il va faire de beaux rêves.

Dimanche 11 novembre 2001

Chose promise... J.-P. prépare le petit déjeuner et l'apporte au lit à tous les élèves. Trop cool.

Avec Raphaëlle, ils visionnent la cassette du *prime* de la veille. Débriefing qui peut saper le moral comme un rien. Quand elle fait un arrêt sur image, on peut s'attendre au pire. Et le pire arrive.

– Personne ne s'est tenu correctement. Personne n'a tenu son micro correctement. Les progrès à faire restent énormes.

Jenifer a droit, en prime, à un reproche personnalisé :

– Tu te tiens comme un mec.

Première nouvelle ! Elle qui fait tout pour être sexy et féminine à donf, elle en reste bouche bée. C'est à n'y plus rien comprendre. Le monde à l'envers. À la rigueur, elle aurait plaidé coupable pour un excès de coquetterie, mais là, Jeni est à court d'arguments.

Raphie est très certainement un excellent prof,

mais pour ce qui est du côté mec de Jenifer, il faudrait revoir la copie !

François, lui, en prend également pour son grade. Il bouge trop. Se fait trop remarquer. Quant à Mario, il est trop rigide. Ferme trop les yeux. Montre trop son trac.

Pas étonnant, avec ce qu'il a vécu hier !

J.-P. partage désormais une chambre avec Mario et Jenifer est restée dans l'autre. C'est mieux comme ça.

Plus ça va et plus elle se rapproche de Mario, lui faisant part de ses états d'âme et de ses hésitations au sujet de Jean-Pascal.

– Lui est amoureux.

– Et toi non ? interroge Mario qui a du mal à suivre leur histoire.

À sa décharge, c'est un peu difficile d'avoir la dernière et bonne version. Entre eux, c'est un peu *Je t'aime moi non plus*.

– Je ne suis pas encore amoureuse. Je le ralentis dans ses élans, mais en fait je ne sais pas trop ce que je veux. Il y a des jours où j'ai l'impression d'être amoureuse et d'autres où je ne sais plus.

Quelle prise de tête ! Comme si elle n'avait que ça à penser en ce moment...

Lundi 12 novembre 2001

Ambiance pourrie ce matin. Vincent leur prend encore la tête avec les retards, le manque d'entrain. S'il croit qu'il va les motiver en leur hurlant dessus, il se met le doigt dans l'œil. Patrice est vraiment remonté contre lui. Bref, un petit vent de révolte souffle sur l'Academy. Si Vincent pouvait arrêter de les engueuler et de les traiter comme des chiens, ça serait top. Il a beau être prof de sport, il court des risques. Un jour, il va finir par se prendre un direct du gauche sans même l'avoir vu venir !

En vue des évaluations de demain, Kamel leur conseille de faire des efforts vestimentaires.

– Pensez que vous passez une audition devant des gens qui ne vous connaissent pas. Demain, j'ai envie de voir des personnes différentes.

Encouragé par Armande, Jean-Pascal s'accroche. Il reprend confiance car il constate lui-même ses progrès. Mais au lieu de rester concentré sur son entraînement, il remet sa relation avec Jenifer sur le tapis.

– Tu n'es pas prête, dans ta tête, à reprendre une relation avec un mec. C'est tout. C'est comme ça. Je l'accepte. Si un jour tu te sens prête, tu me le dis. Si je suis là, je suis là ; mais si je n'y suis plus, tant pis.

Des menaces ? J.-P. n'est pas beau joueur. Ou serait-il mauvais perdant ?

Il remet ça en salle d'entretien.

– Je suis fou d'elle. Plus fou que ça, je ne crois pas que ce soit possible. Je ne veux pas être tout seul à être heureux, à donner... il faut que ce soit une osmose. Là, j'ai l'impression d'être un cube qui essaie d'entrer dans un rond.

Aucune chance qu'il fasse maths ou sciences avec

ses exemples biscornus ! En tout cas, si aujourd'hui un élève avait éprouvé le besoin de s'asseoir dans la salle d'entretien ne serait-ce que dix minutes, il aurait fallu qu'il s'accroche et calcule parfaitement son coup. Jenifer et Jean-Pascal ont carrément squatté la pièce.

J.-P. lui dit qu'il l'aime, mais elle n'éprouve pas encore cet amour-là. Bien sûr, elle ressent quelque chose et ne le nie pas. Mais il ne faut pas confondre attirance et amour. Et les caméras qui la bloquent toujours autant – si ce n'est plus – qu'aux premiers jours ne font rien pour arranger les choses. De plus, elle ne peut sans doute pas effacer son ex de sa mémoire comme sur une ardoise magique. Il l'a fait souffrir grave, paraît-il.

C'est peut-être trop tôt. Mais comme d'habitude les mecs sont toujours pressés, et J.-P. ne fait pas exception à la règle.

Dans la salle d'entretien, tout haut, elle réfléchit aux solutions qu'elle peut apporter à ce problème.

– J'espère qu'on va pouvoir mettre les choses au point tous les deux. Avec J.-P., j'ai l'impression que je commence à vivre quelque chose de sympa. Je suis bien avec lui, mais je ne peux et ne veux pas penser à deux choses en même temps.

J.-P. ne comprend pas. Il s'imagine qu'elle ne lui dit pas tout, qu'elle le mène en bateau. Du coup, il a rameuté tout le château – surtout Mario – à qui il a pris la tête.

– Qu'elle ne me fasse pas croire monts et merveilles ! Il ne faut pas prendre les gens pour des cons ; elle m'a dit des trucs au *prime* que tu n'imagines pas.

Non. Et pour cause !

– C'est comme si tu avais du chocolat devant toi et qu'on te dise de ne pas le manger. Putain ! T'es encore plus mal ! J'y peux rien, je ne peux pas me contrôler, j'ai craqué pour elle. J'aime ce qu'elle est, ce qu'elle dit.

Mario doit être gavé, avec ces histoires. Il essaie sincèrement de les aider, car il les aime bien tous les deux, mais il ne peut pas faire plus. C'est à eux de décider. Et c'est bien ça le problème.

La nuit porte conseil. Mais, manque de chance, J.-P. ne dort pas.

– Pourquoi j'aime la nana qui est à trois mètres de moi ? Je pourrais aimer n'importe qui. Mais, non. Moi, celle que je veux, c'est celle qui est à trois mètres de moi.

Jenifer reste sans voix quand elle entend la déclaration qu'il lui fait dans le noir. Ailleurs qu'au château et à un autre moment, cela l'aurait certainement fait craquer. Elle ne sait plus où elle habite, la pauvre. Ou plutôt si. Au château de Dammarie-les-Lys et jusqu'au 12 janvier 2002 si tout va bien !

Mardi 13 novembre 2001

Il n'est pas encore 9 heures que déjà ils se jettent tous, la peur au ventre, sur le tableau des évaluations accroché dans la salle de sport. C'est à ce genre de moments précis qu'ils prennent conscience de leur statut d'élèves. Les voilà tous replongés dans l'univers scolaire, à nouveau en proie à l'angoisse des mauvaises notes et des annotations sévères des profs, au stress des interros. Et dire que tout ça ne fait que recommencer... Faut-il qu'ils soient masos pour s'imposer des semaines pareilles !

J.-P. semble avoir un moral d'acier. Il s'est fait tout beau pour les évaluations : chemise noire et pantalon stylé. Les recommandations de Kamel ont été appliquées à la lettre. En deux secondes chrono, allez savoir pourquoi, il file se changer et se présente en jeans avec un bandana rouge sur la tête. Mais cela ne gâche en rien son interprétation d'*Emmenez-moi*, de Charles Aznavour. Presque parfaite. Quand il veut, il peut, J.-P. Il est d'ailleurs le premier à se féliciter de tels progrès. Il sort de la salle en hurlant comme un malade « J'ai déchiré ». Oui, il a déchiré et les profs, très satisfaits, le lui disent... en d'autres termes. Pour une fois, ils sont plus optimistes sur l'avenir de Jean-Pascal. Même Raphaëlle le gratifie d'un compliment.

– Il s'est passé de belles choses.

C'est la totale. On ne le tient plus.

Mais J.-P. change d'humeur comme de chemise, c'est le cas de le dire. Son visage s'assombrit rapidement. Le ton monte entre Jessica et lui. Ils s'engueulent ferme dans la cuisine au sujet des corvées ménagères. Il lui reproche de ne pas faire grand-chose. Comme Jenifer ne joue pas les fées du logis toute la sainte journée, elle préfère zapper leurs chamailleries et passer son chemin. Pas bête ! L'avantage de vivre dans un château, c'est de pouvoir s'éclipser au moment crucial des règlements de comptes.

Comme aujourd'hui la cuisine semble être réservée aux éclats de voix, elle choisit, pour les confidences, un autre Q.G. – surtout celui des filles – la salle de bains. Olivia comprend le problème de Jenifer et lui conseille d'avouer à J.-P. qu'elle a besoin de temps pour que ses sentiments grandissent. C'est la voix de la sagesse.

Pendant ce temps-là, J.-P. prend racine dans la salle d'entretien.

– C'est compliqué. Je culpabilise tout le temps. J'ai l'impression que j'ai fait quelque chose ; elle me dit que non, mais je ne sais pas... Peut-être le passé qu'elle a eu ne lui permet pas de vouloir... Je ne comprends rien.

Là encore, c'est la voix de la sagesse.

Les prises de tête ne sont pas exclusivement réservées aux élèves. Les profs, eux aussi, se prennent la tête... pour délibérer. Prêts ? La séance des « trop ceci, trop cela » va commencer. De l'avis de Raphaëlle, Sidonie est « trop superficielle, trop paniquée et Patrice trop méfiant en cours ». Vincent, lui, juge Jessica « trop vite découragée ». Où sont passés les rêves de ses seize ans ? A-t-elle renoncé à chanter les textes qu'elle a écrits elle-même ?

Et, dans la série « pas assez ceci, pas assez cela », Armande note que la voix de Jeni n'est « pas assez juste », trouve Sidonie « pas assez magique » et Patrice, « bien que craquant, pas assez décontracté ». Pour conclure, elle ajoute que Jessica n'a « pas assez de flamme ou de feu sacré ». Résultat des courses : Jessica, Patrice et Sidonie sont nominés.

Les profs en conviennent tout de même : depuis la dernière évaluation, ils ont constaté de gros progrès et une vraie évolution. Mais pas question de s'endormir sur ses lauriers ! Pourtant il y aurait de quoi, si l'on en juge par les messages d'encouragement que les fans envoient à leurs nouvelles idoles.

« Jenifer, je voudrais te dire que tu as vraiment tout pour être une star, la beauté intérieure ainsi qu'extérieure, la gentillesse et une voix vraiment magnifique. Vous faites un beau couple avec J.-P. Je croise les doigts pour toi. Ne change surtout pas, ainsi que J.-P. Bisous à vous deux. Bon courage. Nathalie. »

« Jenifer, tu fais un super couple avec J.-P., alors arrête de faire ta tête de cochon pour des petites broutilles. Je te fais de gros bisous. »

« Jenifer, continue, tu es la meilleure ! »

Si ça pouvait être vrai !

Jeudi 15 novembre 2001

À 7 h 56 précises, J.-P. réveille sa dulcinée avec ces mots :

– Bon anniversaire, ma pitchoune.

Voilà qui la console de ne pas avoir les bisous de ses parents, de son frère, Jonathan et de tous ses copains. Le jour de ses dix-neuf ans, pas un membre du clan n'est présent. La délicate attention de Jean-Pascal ne peut que la toucher. Après trois semaines de « solitude », elle se sent forcément moins seule, en tout cas pas complètement abandonnée.

Jessica ayant eu une surprise pour son anniversaire – et de taille –, elle imagine bien que la prod' ou les élèves ont organisé quelque chose. Mais quoi ? Elle ne voit rien se manigancer. Inquiète ? Ce n'est pas le mot. Plutôt curieuse. Elle essaie de deviner, de glaner quelques infos, de repérer des indices. Silence radio.

Elle doit repenser aux bougies soufflées lors des précédents anniversaires. Celui-ci risque d'être totalement différent, mais à quoi va-t-il ressembler ?

La journée a dû lui paraître longue car elle a été à l'affût du moindre signe... qui ne venait jamais. C'est vers 17 h 30 qu'elle a compris qu'il se tramait quelque chose. Enfin ! Elle est priée de se rendre dans sa chambre. Une fois arrivée là-haut, elle découvre sa tenue sur son lit.

Redescendue au salon, elle cuisine J.-P. Sans succès. Sapé comme un milord, il trépigne d'impatience sur le canapé mais refuse de cracher le morceau.

Et quand Jenifer entend Nikos lui souhaiter un bon anniversaire, elle ressent comme un soulagement. On ne l'avait pas oubliée.

Il lui annonce une surprise : une soirée en tête-à-tête avec J.-P.

– Comment ça va, Jenifer ?

– Ça va, mais je suis un peu stressée.

Forcément, elle a été sur le pied de guerre toute la journée. Mine de rien, c'est usant ! Au moins, maintenant, elle sait ce qui l'attend. Elle va être la reine de la soirée, s'amuser, oublier évaluations et nominations. Même si Jenifer a confié qu'elle n'avait pas énormément de copains, « parce que donner trop facilement ma confiance m'a souvent joué des tours », elle aime, comme toutes les filles de son âge, faire la fête. De toute façon, une occasion de se faire la belle ne se refuse pas, surtout après trois semaines d'une vie quasi monacale. Une fois dehors, elle pousse des cris comme une môme qui pose, pour la première fois, le pied à Eurodisney. Elle en prend plein les mirettes. Et a toutes les peines du monde à trotter derrière J.-P. Encore ces satanés talons ! À tel point que, gentleman, il propose de la porter. L'objet de toutes les convoitises est là devant elle.

– Mais je ne peux pas monter là-dedans. C'est trop grand !

En voyant la voiture garée dans le parc, elle est sous le choc. La bagnole n'en finit pas. On se croirait au cinéma, dans un film où l'on peut, grâce aux effets spéciaux, étirer les objets à volonté. Pourtant non, George Lucas n'est pas passé par là.

D'un coup de baguette magique, la bergère métamorphosée en princesse a droit à un vrai carrosse pour elle toute seule. C'est comme ça dans

Arrivée au château des Vives-Eaux.

Star Academy

Les élèves entourant leur parrain, Florent Pagny, et Nikos, présentateur et chanteur à ses heures.

Carine et Djalil remercient le public de les avoir choisis.

Larmes de bonheur pour Jessica. Cris de joie pour François.

Djalil

Jean-Pascal

François

Carine

Jenifer

Accueil au grand salon des « Academyciens » par la directrice, Alexia Laroche-Joubert.

François, Mario et Patrice prennent leurs quartiers dans la chambrée.

Petits complots entre amies dans la chambre rose.

Catherine et J.-P.
ou le mystère
de la chambre verte.

Et si la sélection
du 20 octobre
avait mis Khalifa K.-O. ?

François et Khalifa :
confidences ou
règlement de comptes ?

Star Academy

Le spectacle est aussi
dans la salle... à manger.

Les filles boivent,
les garçons trinquent.

Jeni subit le contrecoup
de l'émotion.

Fous rires entre filles.

Installation de Sidonie
et de Mario.
Chaud devant !

Jeni, Catherine et Cécile
brisent la glace.

Star Academy

Jean-Pascal en pince pour Jenifer.

Quand un stetson et un bandana se rencontrent,
qu'est-ce qu'ils se racontent ?

les contes de fées. J.-P., en prince charmant, n'est pas peu fier de sa surprise. Jenifer peut s'identifier à Madonna qui, dans le clip *Music*, se déplace à bord d'une limousine blanche aux vitres teintées. Confortablement installés dans leur « citrouille » hollywoodienne, ils échangent un baiser.

J.-P. a tendrement enlacé Jenifer dès qu'ils se sont extirpés, non sans mal, de cette interminable et profonde automobile louée avec chauffeur stylé, s'il vous plaît !

Arrivée à La Maison Blanche, le restaurant des stars paraît-il, Jenifer ne sait plus où donner de la tête. Top de chez top. Elle en était probablement restée aux petits bistrots de quartier ou à la pizza du coin où l'on va papoter de ses dernières amours entre filles branchées et souvent fauchées. Si ça ne claquait pas tout en fringues, aussi !

Quand elle a découvert que J.-P. avait glissé quelque chose sous sa serviette, Jenifer a été gênée et n'a pas, de son propre aveu, osé regarder tout de suite. Son cœur a dû faire un potin d'enfer. Elle ne devait plus s'entendre respirer. Prendre possession d'un superbe écrin de chez Cartier et admirer la fameuse bague trois ors a dû être un moment délicieux.

De quoi se demander si une équipe de cinéma n'est pas venue tourner un remake de *Pretty Woman*. Donc, ça n'arrive pas que dans les films ! Jenifer peut en témoigner.

Ce soir-là, elle n'a pas brillé par sa conversation. Normal. « Tu es fou, je t'aime » est, à peu de choses près, la seule phrase qu'elle a eu la force d'articuler.

A-t-elle craqué avant ou après la déclaration ? À travers un épais brouillard, elle a dû entendre J.-P. lui dire : « Tu vas pas pleurer, pitchounette ? » C'est pourtant ce qu'elle a fait.

C'est à se demander si pour devenir star il faut apprendre à chanter ou à maîtriser ses émotions. Les deux, mon capitaine ! Côté surprise, Jenifer pensait être au bout de ses peines. Rebelote lorsqu'elle aperçoit ses parents et son petit frère Jonathan débarquer dans le restaurant. Ils s'embrassent, s'étreignent affectueusement. Un échange qui devait leur manquer à tous. Jenifer fond en larmes. C'était bien la peine de se moquer de Jessica ! Une vraie fontaine.

Son père, pour dédramatiser la situation, a tout de suite demandé avec humour à être présenté à « son petit fiancé ». Ils ont savouré ensemble le gâteau d'anniversaire. Elle a ouvert ses cadeaux, plein d'objets à l'effigie de Betty Boop, son personnage de B.D. favori.

Avant de partir, le père de Jenifer, en bon chef de famille, lance à J.-P. :

– Je te confie ma fille !

Mais il n'est de bonne compagnie qui ne se quitte et, telle Cendrillon, Jenifer doit rentrer au château avec son prince charmant. Difficile, après ce dîner de gala et la déclaration de Jean-Pascal, de se glisser directement sous la couette comme si de rien n'était. Les deux héros de ce conte féerique font une halte dans la cuisine et se remémorent cette soirée unique.

– J.-P. a été adorable, très gentil, trop peut-être, confie Jenifer. C'est la première fois que je connais une gentillesse aussi franche et aussi profonde. Je sais que si quelque chose ne va pas, il me le dira ; il ne passera pas par trente-six mille chemins et c'est ça qui me touche chez lui.

Avant d'aller dormir, elle file chanter *Joyeux anniversaire* à Mario, car demain – ou plutôt tout à l'heure – il aura vingt-cinq ans. Son frère et ses deux meilleurs copains sont invités, pour l'occasion, au château.

Une fois n'est pas coutume, J.-P. et Jenifer ont eu droit à une nuit en toute intimité. Sans caméras ni micros. Mais ça, c'est leur jardin secret ! Et un beau cadeau d'anniversaire de la part de la production qui, pour une fois, a su ne pas jouer les Big Brothers.

Effet garanti puisque Jenifer a avoué qu'elle avait passé la plus belle soirée de sa vie.

Dimanche 18 novembre 2001

Hier soir, Sidonie a plié bagages.

Comme tous les dimanches, Raphaëlle revient sur les prestations de la veille. Ils sont tous dans leurs petits souliers. Bien sûr la prof a eu très peur sur le plateau, car Djalil a frôlé la catastrophe hier soir. Il a failli s'étendre, mais a finalement bien rattrapé le coup. Olivia, particulièrement en beauté (elle s'est trouvée ho-rri-ble), commence à se livrer sur scène ; Mario chante juste – on le savait – et joue bien de son visage expressif. Cécile s'adresse un peu trop au public et Carine souriait beaucoup trop à son idole lorsqu'elle a chanté en duo avec Lââm.

Au tour de Jenifer.

– Jenifer, je trouve que tu t'en es bien tirée. Tu étais dedans et on avait l'impression que tu t'amusais.

Et comment ! Elle s'est amusée comme une folle à jouer les rappeuses. Les félicitations de Raphie lui vont droit au cœur.

Ils ne se sont pas fait remonter les bretelles et pourtant le moral n'est pas au beau fixe. Carine, Olivia et François s'inquiètent de la mauvaise ambiance qui règne au château. Olivia ne croit plus en la solidarité du groupe. Elle pense que certains élèves feraient n'importe quoi pour gagner. Elle semble très déçue et affirme ne pas apprécier plus de la moitié des candidats. Rien n'y fait. Ni les compliments, ni les encouragements. Olivia a de plus en plus de mal à supporter la pression. Sa famille lui manque. Elle constate que les gens ne sont pas ce qu'ils disent être. François est d'accord. Tout le monde n'est pas *clean*. Mais *clean* ou pas, il faut faire avec et aller jusqu'au bout.

Pour remonter le moral des troupes Thierry Dionnot, le psy de l'Academy, vient à la rescousse des desperados. Le blues, c'est comme tout, ça se soigne. François ne se contente pas de jouer les meneurs ou les animateurs dès que Nikos est hors de portée, il aime bien analyser la situation. Selon lui, Sidonie a été « écrasée ». Avis que tout le monde ne partage pas. Peut-être tout simplement parce que le terme « écrasée » est impropre. Trop fort. Sidonie doit avoir les oreilles qui sifflent. Il n'est question que d'elle au sein de l'équipe.

Djalil a une autre approche du problème. Pour lui, Sidonie a été la cible d'une réelle méchanceté, et ce à plusieurs reprises. Il n'en faut pas plus pour que J.-P., qui se sent visé, démarre au quart de tour. Il n'aimait pas Sidonie. Ce n'est un scoop pour personne, mais il juge utile de s'en expliquer.

– Moi, je ne l'ai jamais caché. C'est physique ; c'est comme ça. J'ai peut-être gueulé souvent après elle, mais si vous l'aimiez tant que ça, il fallait l'ouvrir. Je ne pense pas que vous ayez peur de moi !

Carine trouve qu'il a manqué de respect envers son amie. Avec Djalil et François, elle se ligue contre J.-P.

Jusqu'ici, Jenifer ne l'a pas beaucoup ramenée. Pourtant, là, elle tient tout de même à préciser qu'elle a senti de l'hypocrisie dans ce débat, surtout de la part de François. Il fait trop gaffe à son image. Ce n'est pas la première fois que ses copains trouvent qu'il se comporte parfois en fayot.

J.-P. passe dans la salle d'entretien.

– C'est une compet'. Moi, je l'ai compris. Ça y est, c'est chacun pour soi.

Lundi 19 novembre 2001

Il fallait bien qu'un jour ou l'autre elle passe à l'acte. Elle l'avait promis. Et devant témoins, encore ! Alors aujourd'hui, c'est le grand jour. C'est décidé. Jenifer commence son régime. Au menu : céréales à volonté. Quand on dit à volonté, c'est une façon de parler, car J.-P. veille au grain et la ralentit dès qu'elle a la main lourde. Toute est une question de proportions. Et de portions !

C'est fou ce qu'elle est aidée dans sa démarche. La prod' l'épaule et la soutient... à sa façon. Probablement sur ordre de la directrice, chocolat et friandises ont été planqués dans un coffre accessible aux seuls élèves non soumis au régime, lesquels se trouvent donc seuls détenteurs du code secret ! Plus aucune trace de biscuits, gâteaux et autres gourmandises. Plus un bonbec à se mettre sous la dent. Pour envoyer des messages d'amour ou de détresse, il va falloir trouver une solution de remplacement. Les sachets de M & M's vont désormais demeurer introuvables !

Est-ce l'idée d'être privée de gourmandises qui lui a fait perdre sa pêche légendaire ? Toujours est-il qu'au cours de danse elle semble un peu raplapla, Jenifer. Et elle souffre le martyre. La nouvelle chorégraphie mise au point par Kamel, ce n'est pas de la tarte. Que J.-P. pique sa crise comme un môme parce qu'il n'y arrive pas, rien d'étonnant. Mais elle, d'habitude, elle suit sans problème.

Cécile, Olivia et Jeni potassent cette nouvelle choré qui leur paraît vraiment difficile à toutes les trois. Elles rament comme des forçats. C'est dans ces moments-là qu'un petit rocher en chocolat serait d'un grand secours... moral. Si ça continue, elles vont être en hypoglycémie et ne pourront plus mettre un pied devant l'autre.

Mario et Carine, eux, se concentrent sur leur enregistrement en duo. Les ingénieurs du son sont très satisfaits de Carine.

Elle adore être en studio, ça se sent. Et Mario assure. Une prise seulement. De vrais pros ! Il est vraiment à la hauteur. Sinatra, son idole – la grand-mère de Mario était une cousine du chanteur –, serait fier de lui.

Jenifer sait qu'elle doit travailler sa respiration.

J.-P. aussi doit travailler beaucoup de choses, mais au lieu de s'y mettre il préfère s'énerver et revendiquer le droit de chanter. Il se plaint de n'avoir que des chansons parlées à interpréter. Il n'aime pas le rap. La prof essaie de le réconforter mais Jean-Pascal en a marre, car il estime avoir fait ses preuves.

Olivia a préparé le dîner à ses copains, mais heureusement que la mauvaise humeur ne se mange pas en salade. Bonjour la digestion. Elle s'est engueulée avec à peu près tout le monde. Jessica est affectée par l'agressivité d'Olivia qui finit par cracher le morceau :

– J'étouffe ici et je voudrais être au moins respectée par les autres.

Elle va en salle d'entretien et explique qu'elle est à fleur de peau mais que ça va passer...

Pour elle, c'est loin d'être la vie de château.

Pendant les quelques minutes de détente au Q.G., Olivia, Cécile et Jenifer s'amusent à grimper sur le dos de J.-P. en faisant semblant de le frapper. Pour un séducteur, être assailli par trois belles jeunes filles relève presque du fantasme. Mais les événements vont prendre une tout autre tournure. Très vite les filles abdiquent et Jeni se retrouve seule à chahuter avec lui. Et dans le feu de l'action, sa montre tombe par terre.

– Ma montre, putain ! Je te jure, une pute revient moins cher !

Arrêt sur image. Tout le monde est stoppé net, Jenifer en tête, abasourdie par ce qu'elle croit avoir entendu. Non, elle n'hallucine pas.

Alors, là, c'en est trop. Elle quitte la cuisine sur-le-champ, profondément blessée. J.-P. a poussé le bouchon un peu trop loin ! Une fois de plus. Une fois de trop.

Mardi 20 novembre 2001

Y.M.C.A. à fond les manettes alors qu'il est à peine 9 heures, ça réveille n'importe qui, même des élèves de la Star Academy lessivés !

– Ce sont les meilleurs que l'on gardera, d'accord ?

La phrase qui tue. Vincent a un don pour motiver ses troupes.

Toujours fidèle à elle-même, Raphaëlle Ricel leur a mijoté un exercice complexe : elle leur demande d'interpréter une chanson tout en écoutant une autre musique en même temps. « Pour la concentration et la mémoire des cordes vocales », leur affirme Raphie. Les élèves la croient sur parole, même si on les sent sceptiques sur leur capacité à passer brillamment ce test.

François essuie les plâtres et ne se débrouille pas si mal que ça, même si toute la classe est hilare. Faire rire le groupe est aussi une façon de s'y intégrer. Olivia s'en tire avec les honneurs. Pour Patrice, c'est un peu différent. Cet exercice lui fait vraiment l'effet d'une torture inutile dont le but initial serait de le rendre fou. Ce qui n'est pas loin de se produire ! Contre toute attente, J.-P. traverse l'épreuve nickel-chrome. Il est même applaudi. Quand il veut, celui-là !

Djalil estime que nominer François serait un crime. Mais déjà la « criminelle », autrement dit Raphaëlle, annonce son trio perdant : François, Cécile et Olivia. Pour Kamel et Vincent, il s'agit de Jessica, Patrice et J.-P. Quant à Armande, elle sélectionne Cécile, Patrice et Jessica.

Le verdict tombe : Jessica, Patrice et Cécile sont nominés. Les rescapés sont soulagés. Semaine après semaine, ils ne se sont toujours pas faits aux nominations.

Mercredi 21 novembre 2001

Un mois au château !

Et déjà d'encourageants résultats ! Jenifer débarque au petit déjeuner, fière comme Artaban, pour annoncer la grande et bonne nouvelle. Elle a perdu deux kilos et cent grammes. Le régime a l'air efficace. Les félicitations des élèves ne se bousculent pas au portillon. On peut même dire qu'elles se font attendre. Après un mois de cohabitation, c'est chacun pour soi. La vraie compétition commence maintenant. J.-P. l'avait bien dit. Ma petite Jeni, il faut que tu t'y fasses. Tu n'es plus à la maison, chouchoutée, choyée, mais avec des gens qui n'en n'ont rien à faire de ta ligne !

Kamel aurait-il fait le pari secret de les larguer complètement ? Ses chorégraphies se compliquent de plus en plus. À ce train-là ils vont décrocher ou, pire, tomber comme des mouches. Et la motivation des troupes faiblit à vue d'œil.

Les élèves – et non pas les héros – sont fatigués.

Vu leur état à tous, Alexia a déjà quelque peu ralenti les sorties organisées. Elle les convoque dans son bureau et leur vante les bienfaits d'une bonne et longue nuit de sommeil. Message reçu. On les sanctionne mais on les bichonne, les Academyciens, car la directrice leur annonce la visite d'un masseur professionnel dimanche prochain. Traitement de stars ou de grands champions. Cela revient au même. Et personne ne songerait à s'en plaindre ou à passer son tour.

Décidément, c'est la journée santé ! Armande remet le problème du tabac sur le tapis et leur demande de diminuer sérieusement. D'après elle, si Patrice n'arrive pas à tenir sa voix, c'est à cause de la cigarette. Tous se le tiennent pour dit et promettent de lever le pied sur les clopes.

Pour oublier toutes ces contraintes et privations, Jenifer préfère filer au cours de hip-hop avec Sally où elle s'éclate sur une impro d'une chanson de Britney Spears. Pour elle, c'est une artiste top. Zéro défaut.

Nikos, que les élèves adorent tous les autres jours de la semaine, devient leur bête noire le mercredi.

– Les trois moins bons élèves cette semaine sont... Cécile : vous vous déstabilisez rapidement et vous montrez soit trop agressive, soit trop en retrait... Patrice : les profs pensent que, en dépit de vos progrès, vous êtes encore le moins bon du groupe... Jessica, malgré votre talent, vous ne vous donnez pas encore suffisamment et avez trop d'états d'âme.

Il n'y a pas à dire, le mercredi, l'ambiance n'est jamais bonne. Patrice est au trente-sixième dessous. Il est persuadé qu'il ne rattrapera pas son retard.

– Je me suis défoncé, cette semaine. Je n'arrive pas à suivre en danse, en sport ; je n'y arrive pas non plus en chant. Il me faut trois mois pour faire ce que les autres font en une semaine ! déplore-t-il.

Au point où ils en sont, ils vont jeter un œil

sur le tableau des évaluations, accroché dans la salle de danse.

Jessica apprend qu'elle doit transformer sa mélancolie en extase pour le chant. Et Jenifer qu'elle ne doit pas se « relâcher ». Jusqu'ici épargnée, Jeni est sciée. C'est la cata, autrement dit la première appréciation moyenne depuis qu'elle habite au château.

En revanche, Djalil reprend du poil de la bête. Ses appréciations lui donnent des ailes. En chant, « de plus en plus créatif, travaille dans la subtilité. Commence à gérer sa fébrilité. Attention à la justesse. Très belles évaluations, belles émotions. Que du bonheur ».

Jenifer nage moins dans le bonheur que lui. Ne pas être nominée est une chose, mais voir ce genre de commentaire écrit au tableau, ce n'est pas la gloire. Appréciations, évaluations et nominations la font flipper davantage chaque semaine. Et ce n'est pas fini.

Jeudi 22 novembre 2001

Gai comme un pinson – on le serait à moins – Djalil chante au petit déjeuner. Il est heureux de rester en compagnie de ses « amis sincères », Jess et Patrice, avec lesquels il avoue avoir de vraies affinités, même s'il passe de bons moments avec tous les autres.

Quel exercice saugrenu Raphaëlle Ricel va-t-elle bien pouvoir inventer, aujourd'hui ? C'est toujours la surprise. Pourtant, cette fois, rien de très loufoque. C'en est presque décevant. Elle veut juste savoir ce qui les met dans une colère noire. Ah, s'ils osaient... Ils brûlent d'envie de lui répondre du tac au tac : les nominations, les évaluations, les appréciations pas sympas et les privations ! Mais ils se tiennent à carreau. Même les grandes gueules ne mouftent pas.

Mario ouvre le bal et joue le jeu. Lui, ce qui le met en rogne, c'est la saleté. Il ne supporte plus. Djalil trouve la réflexion de Mario stupide. Pour lui, nominé à l'unanimité comme « le plus sensible de l'Academy », la souffrance des enfants dans le monde est le seul sujet susceptible de déclencher sa colère. Ce qui énerve Patrice, c'est d'entendre qu'il est mou alors qu'il n'en est rien. Quant à Cécile, elle embraie sur les tâches ménagères – mal réparties – et le téléphone, indisponible pour les uns parce que squatté par les autres. Deux sujets qui fâchent au château. La prof exulte. Elle a réussi à les faire sortir de leurs gonds.

Puis Raphaëlle demande un cri. Si Carine réussit parfaitement l'exercice, François provoque l'effet inverse et fait rire toute la classe. Il est aussi doué que J.-P. pour faire le pitre. À force de lui répéter « tu n'es pas suffisamment dedans », Raphie prend des risques !

Coup de théâtre au cours d'Armande. Alors que Mario et Jeni répètent la chanson *Le Dilemme*, tirée des *Dix Commandements*, la prod' convoque Jessica au bureau de la directrice. Alexia lui remet exceptionnellement un fax de son cousin souffrant qui lui demande de s'accrocher. À la lecture de la lettre, Jess éclate en sanglots.

Armé de bonnes intentions mais délicat comme un éléphant dans un magasin de porcelaine, Jean-Pascal vient aux nouvelles. Il essaie d'être gentil avec Jess mais ne trouve pas les mots et s'énerve. J.-P. en a marre de la voir chialer constamment. Il ne comprend pas son manque de motivation. C'est l'hôpital qui se fout de l'infirmerie !

L'heure des messages tombe à pic pour changer de sujet.

– Patrice, tu es le meilleur. Je t'aime de tout mon cœur. Persévère. Tu y arriveras, fais des efforts et pense à moi. Que le vent gonfle tes ailes ! Bisous.

– J'aimerais bien savoir sur quoi tu te bases pour dire que je suis le meilleur. En tout cas, ton mini-poème me touche. Ça me fait vraiment plaisir, je ne sais plus quoi dire.

– François, on ne te voit jamais ni faire la vaisselle ni préparer à manger...

– Je ne sais pas cuisiner, mais la vaisselle je la fais quand même.

– Coucou, J.-P. Quelles qualités et quels défauts trouves-tu à Jenifer ?

– Elle est gentille, elle va à fond dans ce qu'elle fait. Des défauts, elle en a plein ! Si elle n'a pas quelqu'un derrière elle, elle se laisse aller. Elle est souvent de mauvaise humeur au réveil.

– Mario, tu es super sexy ; en es-tu conscient ? [*Tout le monde rigole.*]

– Mais j'ai un cœur, moi ! C'est une question

qui me gêne. Je me trouve sexy en peignoir, mais j'aimerais perdre un peu de bide...

Le soir, sur le canapé, J.-P. et Jenifer entament une joyeuse bagarre de coussins qui aurait pu mal finir. Jeu de mains, jeu de vilains, c'est bien connu. Jenifer aurait-elle moyennement apprécié ses commentaires sur ses soi-disant défauts ? J.-P. ferait mieux de balayer devant sa porte !

Vendredi 23 novembre 2001

Aujourd'hui, une surprise attendait tous les élèves dans le salon. Alignées en rang d'oignons sur le canapé, des peluches orange fluo avec des pattes jaunes leur tendaient les bras. C'est J.-P. qui a baptisé la mascotte de l'Academy « Chunga ».

Il est d'ailleurs étonnant que le psy n'ait pas pointé le bout de son nez pour leur expliquer que les doudous et autres peluches en disent long sur le manque affectif.

Au lieu d'un discours sur les objets transitionnels, a suivi une soirée casino à domicile. Ils ont préféré, et de loin ! Un pro est venu leur apprendre à jouer. Mais la petite fête a bien failli tourner au vinaigre car J.-P. s'est montré mauvais joueur. Il n'arrêtait pas de râler et ne voulait pas admettre qu'il avait perdu.

Il a fini par se radoucir. Mais tout ce qu'il a trouvé pour faire le joli cœur, c'est de proposer à Jenifer de prendre une douche avec lui. Il ne perd pas le nord. En quelle langue Jenifer va-t-elle bien pouvoir communiquer avec son encombrant prétendant pour lui faire entendre raison ?

Dimanche 25 novembre 2001

0 h 25. La fine équipe rentre au bercail... sans Cécile. Jessica et Patrice sont heureux d'être du voyage. Jess a réalisé que le public l'aimait et ça l'a boostée. Olivia a mal pris les revirements de situation pas franchement prévus au programme.

– On s'était tous mis d'accord pour repêcher Cécile, et tout le monde a changé son vote à la dernière minute. Pourtant, Patrice nous avait bien dit qu'il voulait partir. J'ai vraiment mal vécu ce moment !

Cécile, elle, ne ressent aucune rancune vis-à-vis de Patrice. Au contraire.

– C'est mon chouchou, même si artistiquement je me sens meilleure que lui. Je n'ai jamais douté de sa sincérité.

Après plus d'un mois au château, les élèves semblent avoir pris leur marques. Comme chaque dimanche, Raphaëlle commente le *prime* de la veille. Tout le monde s'installe. Arrêt sur l'interprétation « maison » de *La Musique*. Leur première chanson à eux. Raphaëlle les cueille sans prévenir et déverse un flot de reproches.

– J'espère que les gens ne vont pas se lasser de vous entendre chanter faux. De semaine en semaine, c'est de pire en pire. C'est dramatique !

Elle est furieuse, eux sont tétanisés.

Et Jenifer d'en prendre pour son grade.

– Tu te tenais mal pendant la chanson.

Recroquevillée sur sa chaise, la pauvre attend que l'orage passe mais il persiste, au contraire. Raphaëlle remue le couteau dans la plaie.

– Il n'y a pas de combat ; c'est plat du début à la fin.

Au moment où la victime commence à se demander si son bourreau n'a pas décidé de s'acharner sur elle, elle capte un bout de phrase encourageant et s'y accroche comme à une bouée.

– Par contre, un très joli son de voix dans *Y a trop de gens qui t'aiment*.

Ouf. Il y a donc des bourreaux qui épargnent leurs victimes.

Heureusement, les cours se suivent mais ne se ressemblent pas. Une prof de flamenco vient redonner du baume au cœur des garçons. J.-P. et Mario ne tiennent plus et attaquent sec. Quels dragueurs ! C'est tout juste s'ils laissent la prof, amusée par la situation, quitter le château.

Patrice et Mario se retrouvent au sauna et parlent des filles en général. Ça leur monte au bourrichon. Eh oui, les semaines d'abstinence leur paraissent longues. Aux filles aussi, d'ailleurs. Pour preuve, Olivia appelle son petit ami Harold qui lui manque beaucoup. Il ne trouve rien de mieux que de lui faire une scène de jalousie, lui reprochant d'avoir été dans la chambre de J.-P. et Mario. En plus de ça, il lui affirme que Jean-Pascal et Jenifer la manipulent pour qu'elle sorte avec

Mario. Si les gens de l'extérieur les contactent pour semer la zizanie au lieu de les soutenir, l'harmonie du groupe va avoir du plomb dans l'aile. Comme le souligne J.-P., la vie en communauté n'est déjà pas facile, alors si les autres pouvaient se mêler de leurs affaires et les laisser bosser en paix...

La musique adoucit les mœurs, paraît-il. Ils chantent *La Musique* avec cinq fans qui ont gagné un cadeau mirifique : une visite guidée du château. Eux, au moins, ne sont pas venus pour jeter de l'huile sur le feu.

Lundi 26 novembre 2001

Rien de tel pour bien attaquer la journée qu'un J.-P. agressif et râleur ! Est-ce la faute du groupe s'il n'arrive pas à suivre les cours de Vincent ? Ou s'il ne le veut pas ? S'accrocher avec le prof de sport ne va pas faire avancer les choses, bien au contraire.

Pourtant, aujourd'hui, les élèves ont du pain sur la planche. Kamel a prévu de leur faire franchir une étape décisive : chanter et danser en même temps sur la chanson *La Musique*. Ça se corse.

– C'est presque la dernière ligne droite pour tous, leur précise-t-il. Accrochez-vous ! Les nominations vont être de plus en plus dures ; on a tous appris à vous connaître, à juger vos qualités et vos défauts. Demain, ça commence à être sérieux.

Dans la salle d'entretien, Jenifer tente d'évacuer son stress, car il y a des pas qu'elle n'arrive plus à faire alors qu'elle s'en sortait parfaitement auparavant. Sa planche de salut : essayer de mettre de côté l'évaluation qui la bloque, et qui bloque tout le monde.

Au début de leur vie de château, les Academyciens appréciaient tous l'heure des repas, pas seulement par gourmandise ou pour assouvir leur faim, mais parce qu'ils profitaient de ces moments-là pour déconner. Désormais, à table, l'ambiance n'est plus à la rigolade. Plutôt à couper au couteau. Ils sont conscients qu'il faut bosser et réalisent qu'il leur reste moins de deux mois avant la finale. Visiblement, ça leur coupe le sifflet aussi bien que l'appétit.

Comme chaque semaine, Armande et son assistante Florence font le point sur le niveau de chacun d'entre eux.

« Si tu crois un jour que tu m'aimes... » Olivia interprète l'un des tubes de Françoise Hardy mais n'y met « pas assez d'émotion ». Elle est crevée. Ils le sont tous.

Olivia sent qu'elle est sur le gril et craint de ne pas être à la hauteur. Pourtant, les profs soulignent son « joli timbre de voix et un beau vibrato naturel. C'est elle qui a la culture musicale la plus riche de vous tous ». Ce n'est pas rien.

Armande constate que J.-P. est énervant « car il se comporte par moments comme un enfant gâté », mais n'oublie pas de mentionner « ses énormes progrès ». Quelle patience ! D'après elle, « dans un an, J.-P. méritera le titre de chanteur. C'est un de ceux qui a la meilleure oreille ».

En attendant, il a de la marge pour décrocher le titre d'élève discipliné.

Patrice, « même s'il a du mal à mémoriser les notes, possède un très joli timbre... quand il veut ». Voilà de quoi le consoler un peu car aujourd'hui Patrice, qui faisait partie des quatre invités chaque lundi à la radio, s'est fait mettre en boîte par l'animateur.

– Patrice, tu as la souplesse d'un phacochère.

Ça fait toujours plaisir !

Pour se défouler, le cours de djumbé avec Ahmed Djemaï est tombé à pic. Avant ces maudites évaluations qui les hantent, ce n'était pas du luxe. Ce genre de cours a beau être facultatif, Jenifer n'en rate jamais un. Olivia non plus. Elle sait que son père, musicien, est ravi de savoir que sa fille bénéficie de tous ces précieux enseignements. « Pas question de louper un seul cours... C'est trop énorme. Je veux en profiter pleinement. » Même si elle assure qu'elle n'aspire pas à devenir « la prochaine Britney Spears », Olivia ne cache pas qu'elle a une revanche à prendre. « Petite fille, j'avais vachement pris de poids et donc beaucoup de mal à accepter mon corps. » Les rondeurs ont disparu mais les complexes sont restés. « Aujourd'hui, la Star Academy est pour moi une façon de dire aux autres : Regardez ! »

Carine n'a jamais suivi aucun cours. « Je chante du gospel depuis cinq ans et cela m'a permis de travailler l'harmonie. » Un atout précieux pour se faire une petite place au sein de l'Academy.

Mardi 27 novembre 2001

Aujourd'hui, désagréable impression que quelque chose s'est cassé. Les coups de sang de Jean-Pascal se multiplient, s'intensifient même. Il a dépassé la mesure. J.-P., c'est un peu une grenade dégoupillée qui finit par exploser à la figure de tous, maîtres et disciples. Pourtant, la journée avait bien commencé, les élèves étaient partis sur un bon pied avec le désir de se défoncer.

Réveil à 6 h 45 pour Mario, J.-P. et Jenifer, bien décidés à présenter des évaluations nickel.

Jean-Pascal, donc, a les nerfs à fleur de peau. C'est un pléonasme. Jenifer essaie de l'aider pour qu'il ne soit pas à la traîne, mais il l'envoie carrément promener pour ne pas dire autre chose. Carine commence et les profs sont très satisfaits de sa voix, même si l'émotion a encore du mal à passer. Ensuite François, qui a fait un gros effort vestimentaire, galère un peu pendant l'exercice de diction. Au tour de J.-P. En chant et en danse, c'est la cata. Il panique, abandonne et claque la porte. Les profs restent sans voix. Ils ont pourtant l'habitude des sautes d'humeur de Monsieur, depuis le temps, mais là, ils sont carrément scotchés. Pour eux, c'est une régression totale. J.-P. est revenu à la case départ. Il faut se mettre à leur place deux secondes : ils doivent être bien déçus, et surtout désemparés.

J.-P. est parti dans le parc d'où on l'entend hurler.

Personne n'ose s'approcher de lui tellement il

écume de rage. Dieu merci, il file dans la salle d'entretien déverser son trop-plein de colère.

– C'est pas normal ! Je me lève à 4 heures pour répéter, et à l'audition je loupe tout. Je suis en rogne contre moi.

Tout le monde en profite. Sa colère, il la fait amplement partager. François n'en peut plus. Il ne supporte plus son attitude ni ses paroles. Quand il est violemment sorti du cours de danse en criant que les danseurs étaient des pédés, François a été choqué. Et il n'est pas le seul. Là, J.-P. a pété les plombs. Il ne respecte plus rien ni personne.

Et grâce à lui, Jenifer plante son évaluation. En beauté ! C'est la première fois depuis qu'elle est ici qu'elle est à ce point déstabilisée. Elle sait bien à qui elle le doit. Merci J.-P.

Kamel, d'habitude si exigeant, fait toutefois preuve d'indulgence à son égard, car il voit la benjamine du groupe au bord des larmes. Elle s'est laissée démonter par la sortie de J.-P. et sa pêche, comme il le lui fait gentiment remarquer, n'est pas au rendez-vous. À la fois préoccupée par J.-P. et surtout déçue par ses réactions, elle a eu du mal à se maîtriser. On a beau répéter aux futures stars qu'une fois sur scène il faut laisser ses problèmes de côté, c'est plus facile à dire qu'à faire.

J.-P. va si mal qu'il appelle sa mère pour lui raconter ses prouesses. S'il est nominé, il lâche tout ! Il lui raccroche au nez tant il est hors de lui.

Au cours de Raphaëlle, rebelote : J.-P. refuse de

faire les exercices. Il se montre insolent et la prof passablement énervée.

Elle lui demande de s'abstenir de venir au cours la prochaine fois qu'il sera dans cet état.

Jessica et François sont abasourdis par son attitude. Même réaction de la part d'Olivia et de Patrice. Quant à Jenifer, si douce, si discrète, si patiente, on dirait qu'elle en a franchement marre. Mario aussi déclare forfait. Il en a assez de toujours essayer de calmer son ami.

J.-P. sent que tout le monde est prêt à le lâcher. Il a tout fait pour. Il rappelle sa mère. Cette fois, il craque et pleure au téléphone. Il est à bout. Il veut partir. Elle lui conseille d'attendre samedi, de ne pas quitter le château.

Armande n'a pas davantage de succès. J.-P. n'est plus en état de travailler quoi que ce soit. Excédé, François s'en prend à J.-P. Échange d'insultes et il est moins une qu'ils n'en viennent aux mains. Armande délaisse son job de prof pour jouer les arbitres et les séparer. Jean-Pascal quitte encore le cours et va s'énerver dans la cuisine.

Mario et Carine, qui se sont réfugiés dans le sauna pour trouver un peu de calme, ne comprennent pas qu'il gaspille toutes ses chances.

Mario pressent un dénouement négatif. Comme les autres, il redoute que tout bascule à cause d'un élément perturbateur et dit tout haut ce que toute l'Academy, enseignants et élèves compris, pense tout bas : « Qu'il parte ! »

Jeudi 29 novembre 2001

J.-P. a disparu on ne sait où – en Angleterre, si l'on en croit les rumeurs – pour cuver sa petite crise existentielle.

Cela n'a pas empêché Jenifer de bien dormir. Visiblement, elle a pris la bonne décision en changeant de chambre, car la chambre verte sans J.-P. n'est plus la chambre verte mais la chambre noire.

Toujours hallucinante, Raphaëlle leur demande aujourd'hui de se mettre dans la peau d'une plante verte. *No problem*. Si, en sortant d'ici, certains décident de s'inscrire à des cours de théâtre, ils vont en épater plus d'un avec tout ce qu'ils auront appris ! En attendant, il y a encore à faire. Les évaluations de la semaine leur permettent de garder les pieds sur terre. Jeni et Carine se précipitent dans la salle de sport où leurs « notes » sont affichées.

En chant, Armande trouve que la première s'est « laissée troubler, même si des progrès ont été perçus », tandis que la seconde « maîtrise de mieux en mieux la musicalité, la couleur ».

En expression scénique, Raphaëlle juge leurs interprétations à toutes les deux « trop monotones ». L'investissement émotionnel n'est pas au rendez-vous non plus. En danse, Kamel réclame davantage de « concentration ». Jeni a beau circuler à bord de la limousine de Madonna, elle n'a pas encore son aisance. Peut-être cela viendra-t-il ?

Quant à Olivia, elle saute de joie car ses appréciations sont excellentes. En dessous de son nom,

Raphaëlle a écrit « Bravo » sur le tableau. De l'or en barre !

Mario a également des progrès à faire en chant : il doit extérioriser son émotion, travailler sa respiration et lever le pied sur la gestuelle. Bref, Raphie ne les lâche pas d'une semelle. Elle a raison. Mario, Carine, François et Jenifer sont toujours partants pour bosser et se surpasser. Cent fois sur le métier ils remettent leur ouvrage. Parfois, la vie de château est bien contraignante !

Jenifer a l'air un peu ailleurs, déconcentré. Les profs ont vu juste. Direction la salle d'entretien.

– Je pense à J.-P. Je me demande ce qu'il fait en ce moment. Est-il bien là où il est ? Va-t-il revenir ? Je me pose des tas de questions.

Décidément, ce mec a le don de lui prendre le chou. Même quand il est absent. En plus, elle doit lui en vouloir de la mettre dans un état pareil. C'est insupportable de vivre dans l'attente. Enfin, à 18 h 22, Alexia les convoque et met fin à ce supplice.

– J.-P. va mieux. La pression redescend, mais il nous a demandé encore vingt-quatre heures de réflexion. Il communiquera donc sa décision demain sur son éventuel retour au château.

Mario, si indulgent avec son ami, est prêt à lui pardonner et à l'accueillir à bras ouverts s'il rentre au bercail, mais on sent qu'il a été très déçu par cette attitude immature.

Jeni ne s'exprime pas sur le sujet. C'est à peine si elle ose respirer. Heureusement, pour passer à autre chose, rien de tel que le rendez-vous avec leurs fans.

Certains messages sont hyper chauds, surtout pour les garçons qui déclenchent les passions. Très touché par un poème, Patrice est au bord des larmes.

Mario a pris la place de déconneur. Comme s'il fallait combler l'absence de J.-P. Mais tout ce que Jenifer demande, c'est que Jean-Pascal rapplique vite fait et qu'il arrête d'emmerder le monde !

Vendredi 30 novembre 2001

Le sort de J.-P. ne tient qu'à un fil : un *coup* de fil. On ne dira jamais assez l'importance du téléphone dans cette aventure ! Les téléspectateurs ont la possibilité de voter pour son retour au château, mais souhaitent-ils réellement sa réintégration ? Toute la question est là. Ici aussi, il y a du pour et du contre.

Jean-Pascal a annoncé qu'il voulait revenir, c'est bien gentil, mais il ne peut pas indéfiniment faire tourner tout le monde, élèves et profs, en bourrique. Alors au public de trancher. Et si l'on se réfère aux appels de la semaine, ce n'est pas gagné. Jessica et Djalil ne l'ont pas caché : ils sont mieux sans J.-P. Jess le trouve agressif et assure qu'elle arrive mieux à travailler sans lui. Elle le dit clairement :

– J.-P. ne me manque pas.

Djalil, lui, est persuadé que J.-P. n'est pas un mauvais bougre. Mais il a été choqué par son attitude envers les filles. Ce n'est pas Jenifer qui lui jettera la pierre car elle en a fait les frais.

– Jean-Pascal s'adresse aux filles comme si elles étaient ses geishas, déplore Djalil, et pas seulement pour blaguer. Il y a un moment où ça ne fait plus rire. Je ne souhaite pas qu'il revienne. Pour nous. Et pour lui.

Bien sûr, c'est idiot de rester sur une défaite. Mais si J.-P. revient au château, il faudra que ce soit à certaines conditions.

C'est le temps de la nostalgie des débuts de la Star Academy, quand il n'y avait aucun problème, aucune déception, pas encore de véritable rivalité entre les élèves. Les premiers jours c'est toujours bien, car on se concentre sur la découverte, la nouveauté. Là, ça se complique. Bien sûr, c'est le but du jeu, mais parfois c'est épuisant nerveusement.

Aujourd'hui rien de bien folichon à signaler si ce n'est que Kamel a deux objectifs en tête : « voir les dents d'Olivia », car il veut l'obliger à sourire, et alléger Carine de « trois kilos au moins ». Décidément, c'est une manie de vouloir faire fondre les élèves sans même leur demander leur avis.

Jenifer n'a pas franchement abusé du téléphone jusqu'ici. La voie est libre et elle en profite pour passer un coup de fil à des copines, Vanessa et Clémence, à qui elle confie que sa pêche est retombée grave.

La directrice reçoit les ingénieurs du son pour

savoir où en est l'album. Leur album. Deux titres sont déjà mixés et six autres en attente. Carine, Olivia et Jenifer enregistrent *Gime, gime, gime*, le tube d'Abba. Là, un déclic se produit. Jenifer est peut-être la benjamine du groupe, mais pas la dernière à se défoncer. Après plus d'un mois passé à l'Academy, elle commence à s'imposer. Une autre chance comme celle-ci ne se représentera pas. Elle se lâche, la petite Niçoise, et couvre la voix de Carine. Raphie a raison : il faut y aller, il faut être dedans.

Ce soir, les Academyciens ont visité un studio d'enregistrement où tous les plus grands sont passés. Quand on pense que c'est là qu'ils vont finaliser leur album, c'est irréel et magique à la fois. Le groupe est impressionné et en délire en même temps.

Jenifer, surtout, qui se met à danser dans le studio. Elle va même jusqu'à rester très près des enceintes « pour sentir la musique vibrer à l'intérieur de mon corps. C'est génial » !

III

DÉCEMBRE EN FLAMMES

Samedi 1er décembre 2001

Nikos annonce une soirée exceptionnelle. C'est le mot. Ce soir ne sera pas un *prime* comme les autres. Pas de nominations au programme puisque J.-P., sans le vouloir, a changé les règles de la Star Academy. Après avoir craqué mercredi dernier, il a quitté le château pour aller se mettre au vert. Il est parti comme une flèche et sans dire au revoir, comme l'a fait remarquer Olivia à juste titre. Presque comme un voleur.

– Ça s'est décidé très vite et j'aurais chialé comme une merde, a avoué Jean-Pascal, qui avait davantage l'air d'un môme que d'un adulte responsable.

Au moins, ça a le mérite d'être franc.

Alors reviendra ? Reviendra pas ? J.-P. fait son entrée sur le plateau sous un tonnerre d'applaudissements. C'est la liesse.

Pour lui, le retour paraît évident.

– En fait, je mets la barre trop haut. Si je n'y arrive pas la première fois, j'estime que c'est foutu. C'est seulement hier que j'ai décidé de revenir.

J'étais à Londres. La production voulait éviter que je subisse une influence extérieure. Une fois la pression retombée, j'ai réalisé qu'il fallait rentrer. Le déclic s'est produit là-bas, sur une simple chanson. J'ai compris qu'il fallait que je me batte.

Il en a convenu : depuis deux semaines il n'était plus lui-même.

– Je ne me suis pas reconnu. Je parlais mal à Jenifer alors que c'est grâce à elle si j'ai pu tenir jusqu'ici. D'ailleurs, j'avais emporté là-bas le porte-bonheur que Jeni m'avait donné, une pince à cheveux en forme de fleur.

Pas encore star, mais déjà prêt à péter un plomb. Qu'est-ce que ce sera plus tard ? Lio, invitée sur le plateau, joue les avocats et montre que les brunes ne comptent pas pour des prunes. Elle ne mâche pas ses mots. Et, visiblement, elle sait de quoi elle parle.

– Ce n'est pas un manque de respect de sa part, c'est un signe de souffrance. J.-P. n'est pas un mauvais garçon, mais vous savez, c'est dur, la pression ! On crie tous à un moment donné sur quelqu'un.

Pour Alexia, le retour de J.-P. n'est pas mission impossible. Elle a décidé de lui laisser une chance car elle juge qu'il a « un potentiel. Tout le monde a le droit de douter » mais elle le met en garde et ne le prend pas en traître : « il n'y aura pas de deuxième fois ». Kamel non plus, n'est pas contre son come-back. Mais il met les points sur les « i ».

– S'il a vraiment envie de réintégrer l'école, il devra nous le prouver, à nous les profs mais aussi à ses camarades. Je pense qu'il a dû prendre conscience de ce que lui apportait l'Academy.

Quant aux élèves, ils sont partagés. Fifty-fifty. C'est donc le public qui tranchera. Voilà qui va mettre un peu de piment dans les votes. Il y a fort à parier que Jenifer se serait bien passée de tout ce cinéma... Difficile de dire si cela va faire grimper l'audience, mais pour l'adrénaline, c'est top !

Sans vouloir jouer un remake de *Règlement de comptes à O.K. Corral*, Jenifer aussi a droit à des explications. Elle a besoin d'en avoir le cœur net.

– J.-P., pourquoi as-tu décidé de nous rejoindre ? Est-ce dû aux affinités que tu as avec certaines personnes du groupe ?

– Oui et non. Quand on a des copains, c'est pour toujours. Je reviens car je sais que j'ai des capacités. Bien sûr il y a des élèves meilleurs que moi, mais si j'arrête de gueuler je pourrai en manger trois ou quatre.

Quand Nikos lance l'invitée d'honneur – Lara Fabian, qui chante avec Jessica *Tout est fini entre nous* –, les paroles reflètent la situation. J.-P. et Jenifer, c'est plutôt mal parti. De toute façon, ce n'est ni l'endroit ni le moment pour avoir une histoire avec un mec. Elle le sait depuis le début. Et ça la mine depuis le jour de son arrivée au château. Avec tout le remue-ménage fait autour de J.-P., on en oublierait presque les beaux moments du *prime*. Forcément, il n'y en a eu que pour lui.

Pourtant il serait juste de tirer son chapeau à Jess, qui a merveilleusement chanté avec son idole,

Lara. Leur duo était d'enfer. D'ailleurs le public ne s'y est pas trompé et a applaudi à tout rompre, debout. Une *standing ovation* pour les petits élèves de la Star Academy, c'est énorme. Il faut connaître ça une fois dans sa vie.

Olivia aussi a vraiment assuré. Son duo avec Sacha Distel dans *Tu es le soleil de ma vie* a été un sans-faute.

Kamel doit être aux anges, car il a enfin obtenu ce qu'il voulait : la voir sourire. Il faut comprendre Olivia. Elle ne fait pas la gueule : elle est juste concentrée et surtout pas hypocrite pour un sou. On ne lui fait pas faire ce qu'elle n'a pas envie de faire.

Jenifer a également eu droit à son duo.

Évidemment, elle a eu le trac avant d'interpréter *Parle-moi* avec Isabelle Boulay. Mais cela ne s'est pas trop vu. Quand la chanteuse lui a fait un petit clin d'œil de complicité, elle s'est immédiatement détendue.

Isabelle Boulay a été chouette et très franche avec sa jeune partenaire, car elle se souvient du trac ressenti le jour où elle a chanté en duo avec Francis Cabrel.

Depuis le 20 octobre, Jenifer a mis un point d'honneur à ne pas trop montrer sa sensibilité. Pas par honte mais plutôt par pudeur. Elle n'aime pas l'étalage des sentiments. Mais là, tant pis, elle y est allée de sa petite larme. Cela dit, à certains moments les profs étaient émus, presque autant que leurs élèves. À l'émotion se mêlait la fierté. Il faut dire que c'est pour tous un moment de vérité. Trois mois pour préparer leurs poulains au métier d'artiste qu'ils se sont mis en tête d'exercer est un pari difficile à tenir ! On comprend aisément que, de temps en temps, ils remettent les brebis égarées dans le droit chemin.

Le mea culpa de Jean-Pascal et sa détermination, la plaidoirie de Lio ont-il pesé dans la balance ? Il faut croire que oui. Le verdict tombe : le public veut qu'il reste à 62 %. Il y a eu plus de cinq cent mille appels en sa faveur. Il est ravi et ému. Mario et Olivia sont les premiers à venir le saluer. Ensuite, c'est au tour de Patrice. Jeni attend d'être en coulisses pour sauter au cou de J.-P.

0 h 45

Retour au château avec Jean-Pascal. Dans le bus, Jenifer et lui ont une longue discussion. Elle lui dit qu'elle souhaiterait prendre du recul ; qu'elle ne tient pas à le faire souffrir mais que ça va trop vite pour elle. Jeni n'aime pas J.-P. autant qu'il l'aime.

– Je n'ai pas cette flamme et ça me gêne.

Arrivés au château, la mélancolie et le silence s'installent. J.-P. est triste. Pour lui, la rupture est douloureuse. Pour elle aussi. Même s'il fait bonne figure, il est blessé au fond de lui. Elle ne veut pas qu'il reste seul dans son coin et lui demande de venir dans la même chambre qu'elle. Pas question qu'il soit exclu du groupe. Mais il refuse. Peut-être n'ose-t-il pas ?

Quel sentiment de gâchis ! Pour lui, pour elle

et tous les autres élèves de l'Academy à qui J.-P. a pris le chou à un moment ou à un autre. Et ce n'est pas le moment de gaspiller leurs forces et leur énergie...

Dimanche 2 décembre 2001

Aucun risque d'oublier cette journée du 2 décembre. Elle est même à marquer d'une pierre blanche. Très chargée en émotions. D'abord Raphaëlle a complètement pété les plombs, puisqu'elle ne balance que des compliments... Elle ne les avait pas habitués à ça. Mais qu'est-ce que c'est bon !

J.-P., fugueur repenti, a les honneurs de sa bonne humeur.

– J.-P., je suis heureuse de te retrouver.

Elle les félicite tous – ou presque – pour leur prestation au dernier *prime*. Il faut dire que la date de la finale approche à la vitesse grand V. Restent un mois et neuf jours pour se préparer à être stars. Ce n'est pas énorme.

– Il y avait beaucoup d'émotion et de sensibilité. Vous commencez à être des pros.

Pour ceux qui connaissent les dessins animés de Tex Avery, on imagine bien Spike, le chien, qui court au sommet d'une montagne pour ne pas déranger l'ours dans sa caverne et hurler de joie un bon coup. Mais les élèves, habitués à encaisser des chauds et froids, gardent leur euphorie pour eux. Avec Raphie, on ne sait jamais, c'est plus prudent.

– Jenifer, c'était splendide. Un grand moment de télé. Maintenant que tu as montré cela, tu n'as pas le droit de redescendre.

C'est tout juste si Jenifer n'a pas l'impression d'être dans l'émission d'Arthur *Rêve d'un jour*. Mais, Raphie, qui te parle de redescendre ? Maintenant qu'elle a entendu et bu tes paroles, elle va s'accrocher, tu vas voir. À la maison, ils devaient être comme des fous quand ils ont entendu ça. Pas question de s'arrêter en si bon chemin. Elle est concentrée à mort et va foncer. Elle l'a tellement désiré, ce moment, que pour rien au monde elle ne raterait son rendez-vous avec la chance.

Dimanche après-midi

Dans la série prise de tête, Thierry, le psy, vient les aider à gérer le retour de J.-P. Ce n'est pas du luxe ! Il réunit les élèves dans le salon et leur demande s'ils ont quelque chose à dire au perturbateur. Jenifer prend les devants, histoire de ne pas laisser s'installer un blanc embarrassant pour tout le monde. Au fil des jours et des semaines, sa timidité diminue peu à peu. Elle prend de plus en plus la parole, donne plus volontiers son avis. Les profs lui ont à la fois enseigné l'art de gérer son impulsivité et donné davantage confiance en elle. Au moins, pour elle, l'Academy aura servi à ça.

– Je tiens à lui souhaiter bonne chance. Je sais qu'il est capable de canaliser ses sautes d'humeur ; il ne faut pas qu'il change mais juste qu'il apprenne à être plus tolérant. Il semble déjà plus zen depuis son retour.

Le psy veut l'avis des autres. Normal. Surtout de ceux qui étaient contre lui. À eux surtout, J.-P. promet qu'il va changer et se calmer. Promesses de Gascon ?

On y croit sans y croire. Jeni file se réfugier au Q.G. dans l'espoir secret de se mettre une friandise sous la dent, mais elle prend la fuite vite fait. Maudite cuisine. Ce n'est jamais bon de revenir sur les lieux du crime. Elle risquerait de s'attirer les foudres de Kamel, du nutritionniste et de Jean-Pascal s'il se souvient encore qu'elle a entrepris un régime.

J.-P., quant à lui, est parti bouder dehors, avec Olivia pour confidente. La rupture le rend triste. Mais comme elle l'a déjà expliqué à sa mère, au téléphone, Jenifer doit avant tout se concentrer sur son boulot. Quelle mère digne de ce nom aurait désapprouvé sa fille ?

Les futurs ex se retrouvent dans les escaliers. Finalement, Jenifer s'ouvre à J.-P. des problèmes qui la tracassent. Elle suit les conseils de son amie Olivia. Elle fait bien puisque de toute façon ce qui les a réunis, J.-P. et elle, c'est la franchise. Alors, autant se dire les choses. Jenifer est probablement arrivée à l'Academy avec quelqu'un dans la tête si ce n'est dans le cœur. Elle lui dit tout de go qu'il est inconcevable pour elle de penser à deux mecs en même temps. Elle ne veut pas faire souffrir qui que ce soit, et surtout pas J.-P. Mais c'est raté. Visiblement il morfle grave, le fanfaron. Il se demande si on lui a jeté un sort.

– La vie est merdique. À peine sorti de la merde, une autre me tombe dessus. Pour moi, c'était le pire truc qui pouvait arriver...

Lundi 3 décembre 2001

Aujourd'hui, c'est au tour de Carine d'avoir droit à un réveil en fanfare. Jess et Jeni entonnent un chaleureux *Joyeux anniversaire* dans la salle de bains.

Pour l'occasion, Carine a décidé de se faire poser des extensions. Ce changement de coiffure la rend folle de joie.

Malheureusement, l'anniversaire de Carine est carrément éclipsé par la visite du mannequin Adriana Karembeu. Inutile de dire qu'elle a tourneboulé les garçons de l'Academy.

Il se passe toujours quelque chose au château : on annonce aux élèves la visite d'un prof de secourisme. A priori, aucun intérêt. Certes, ils sont crevés, mais aucun d'entre eux n'est physiquement déglingué au point de faire appel à un secouriste. J.-P. râle, une fois de plus, car en tant que maître nageur il pratique le secourisme depuis cinq ans. Il ne voit pas la nécessité d'inviter un intervenant extérieur. Aucun rapport avec la chanson ni la musique, de surcroît. Évidemment, il change de discours et de tête quand il voit débarquer Adriana Karembeu. Dès qu'elle arrive, tous les mecs sont aphones. Comme dans les dessins animés, les mâchoires sont coincées. Jean-Pascal lui fait une bise ; Mario deux. J.-P. ne peut détourner son regard de la top-modèle.

– Je suis venue vous montrer des gestes qui sauvent, des gestes simples.

Adriana aurait pu leur proposer une initiation au macramé, J.-P. et Mario auraient dit banco, les yeux fermés.

– Si vous ne comprenez pas dites-le-moi, car le français et moi... [*Rire.*]

Elle est craquante, la belle Slovaque, limite énervante. Elle pourrait leur parler chinois ou peul, ils feraient mine d'être passionnés, suspendus à ses lèvres. Ils ne demandent pas mieux, d'ailleurs.

Elle est charmante et, pourtant, elle agace carrément la gent féminine quand elle demande à J.-P. de l'aider. Tout le monde est subjugué par la beauté insolente de cette fée venue de nulle part. Sentant confusément une sorte de flou, un malaise à peine perceptible, Adriana demande ce qu'il y a. Comme si elle ne le savait pas ! Partout où elle passe, les hommes et les femmes trépassent. Les garçons jouent franc jeu. Ils ne vont pas la laisser repartir idiote, et s'ils le pouvaient ils ne la laisseraient même pas repartir du tout. Mais Alexia veille au grain et aux bonnes mœurs. Les garçons expliquent à Adriana que ça fait très longtemps qu'ils n'ont pas vu une si belle fille... Elle au moins n'a que faire des conseils de Kamel. Sa ligne est impeccable !

Le calvaire des filles prend fin quand Adriana quitte le château. Celui des garçons commence.

J.-P., Djalil et Mario essaient de s'en remettre. Leur verdict – on est habitué aux verdicts, à l'Academy : « Superbe. Zéro défaut. »

En fin d'après-midi, Carine part pour une destination inconnue. Ce voyage mystérieux, c'est son cadeau d'anniversaire. Les yeux bandés, elle monte dans une voiture. Ça doit rappeler quelque chose à Jenifer !

En fait, la surprise consiste à la conduire chez ses parents où elle retrouve Sidonie. Très émue, Carine n'arrête pas de pleurer. Les anniv', ça attaque.

Comme tous les lundis, les élèves ont rendez-vous à la radio. Cette semaine, Mario, Olivia, J.-P. et Jenifer sont les heureux élus. Les questions des auditeurs les ramènent à la réalité. Et on en connaît un à qui ça ne peut pas faire de mal.

– Mario, pourquoi n'as-tu pas soutenu J.-P. ?

– Je pense que c'est à lui de faire un effort, maintenant.

– Jeni, pourquoi as-tu rompu avec J.-P. qui est revenu en partie pour toi ?

– C'est compliqué. J'ai du mal à me comprendre aussi, mais il y a trop de caméras.

– Olivia, où en es-tu avec Harold ?

– Il a pété les plombs avec la jalousie. Je le comprends, je suis jalouse moi aussi, mais ça va.

Patrice passera la moins bonne nuit de tous. À la suite d'un pari stupide avec François, il doit dormir dans l'entrée. Le vainqueur vient narguer le perdant. De vrais mômes.

Mardi 4 décembre 2001

Le mardi n'est pas la journée préférée des Academyciens ; la préparation des évaluations les met toujours dans un drôle d'état. Raphaëlle aussi, mais elle, c'est plutôt la colère qui la tarabuste. Selon Raphie, Carine ne fait pas d'efforts. Quant à Jenifer, elle n'est pas vraiment dans son assiette. La fatigue ? Le stress ? En pleine interprétation de la chanson de Diane Tell *Si j'étais un homme*, la prof l'interrompt brutalement.

– Là, tu serais éventuellement manucure dans un salon de coiffure.

Jenifer est scotchée. Sans voix. Elle n'a pas la repartie de Carine.

Avec *Brigitte Bardot*, J.-P. ne fait pas non plus des étincelles, et François ne déchaîne pas les foules. La seule qui s'en sorte correctement, c'est Olivia. Raphie est ravie de sa prestation « parfaite » et Armande trouve qu'elle a « une très grande personnalité ». Jenifer n'est pas à la fête. Elle se voit revenue à la case départ !

Les affaires reprennent. Les élèves doivent avoir de meilleures mines puisque la directrice leur permet de ressortir. Ils vont assister au spectacle *Les Dix Commandements*. Kamel leur sert de guide et leur présente les chanteurs et les danseurs de la troupe. Jeni est baba devant Daniel Lévy, alias Moïse. Mais ce qui l'a le plus impressionnée et le plus émue, ce soir-là, c'est le public. Une fois le spectacle terminé, ils ont dû se presser de sortir sous haute protection. Les gens les avaient reconnus, eux, les élèves de la Star Academy. C'était leur premier bain de foule. Ça ne s'oublie pas ! Jessica mise à part, qui a eu la trouille grave, tous ont vécu ça comme un beau cadeau. Parce que, dans leur cage dorée, ils ne se rendent pas toujours compte de ce qui se passe à l'extérieur. Et là, ils ont pu mesurer l'importance de leur aventure. Non seulement on les reconnaît, mais on les aime.

Le verdict des nominations tombe : Raphie cite François, J.-P. et Patrice ; Kamel choisit J.-P., Patrice et Mario ; Vincent sélectionne J.-P., Patrice et Jessica. Armande, elle, nomme J.-P., Patrice et François. En voilà cinq qui vont passer une bonne soirée.

À J-40, Jenifer est passée au travers des mailles du filet.

Mercredi 5 décembre 2001

Aujourd'hui, tout le monde est sur le pied de guerre. Les Academyciens attendent un invité de marque : Serge Lama. Ils sont serrés les uns contre les autres, en rang d'oignons, sur le perron du château. Cela fait penser aux visites officielles des chefs d'État reçus en grande pompe à l'Élysée. Quand on y pense, c'est hallucinant : on leur livre, à eux, petits inconnus de rien du tout, les stars à domicile. Parfois, ils doivent se relever la nuit pour y croire !

Accueil d'enfer au chanteur qui le leur rend bien. Voilà un type chaleureux, à la fois charismatique et simple. Les cadets font l'honneur du château à leur aîné et le bombardent de questions. Il leur raconte ses débuts dans le métier avec Régine ; à cette époque, il observait beaucoup ce qui se passait dans son entourage. Pour eux, c'est le chemin à l'envers. Ils commencent par les cours, les émissions de télé, les interviews, les séances photo et, après, ceux qui sortiront du lot pourront espérer se lancer dans le métier.

Quand il évoque son premier Olympia, Lama est ému. Cette aventure-là l'a profondément marqué. Il est totalement vrai. Il ne se la joue pas. Pourtant, avec un tel parcours et une carrière aussi exemplaire, il y aurait de quoi. Ni hautain, ni blasé, il leur raconte ses premiers concerts boulevard des Capucines comme si c'était hier. Avec la même émotion. La même étincelle dans l'œil. Puis, à ce propos, Serge Lama leur fait une confidence :

– Ce jour-là, j'ai pris un taxi et j'ai fait le tour du pâté de maisons pendant une heure pour admirer mon nom en lettres rouges sur la façade. C'était extraordinaire.

Mais il ne se contente pas d'énumérer ses succès, les applaudissements, il évoque avec beaucoup de naturel et de sincérité son terrible accident de voiture. C'est grâce à la chanson qu'il a pu se relever, après un nombre incalculable d'opérations. C'est flagrant : ce métier n'en est pas un comme les autres. Il peut apporter beaucoup et même parfois sauver de la dépression. Mais il faut se donner à fond et l'exercer au nom de la passion. Après la rencontre avec Lama, les élèves en sont convaincus.

Jenifer a été très touchée et flattée d'apprendre qu'elle allait chanter avec lui au *prime* de vendredi prochain. C'est un grand honneur. Si elle a l'impression d'être sur un petit nuage avec Serge qui la dévore des yeux, Olivia est moins à la fête. Alexia l'a convoquée dans son bureau pour lui remettre une lettre d'Harold, son petit ami. Ravie, Olivia reste seule dans le bureau de la directrice pour la lire au calme. Une lettre d'amour, ça se déguste en douce. Mais le contenu étant décevant, Olivia téléphone à Harold car elle ne digère pas cette lettre courte, sèche et froide.

Pour J.-P. et Jeni, les amours ne sont pas au beau fixe non plus. Ils se sont un peu engueulés. Pour changer. Il faut dire que le trublion a le don de faire des réflexions d'une grande finesse.

– Ça me fait chier quand tu me fais marcher, je te l'ai dit plusieurs fois déjà. T'es pas cool.

Non, elle n'est pas cool. Et c'est à prendre ou à laisser !

Dehors, il remet ça. Jean-Pascal est trop agressif en ce moment. Si ça continue, ce mec va finir par faire sortir Jenifer de ses gonds, ce qui ne s'est jamais produit jusqu'ici.

Nikos n'a plus besoin de se fatiguer à annoncer les nominations. Les victimes se dénoncent d'elles-mêmes. Patrice, François et J.-P. ont mis des bonnets blancs pour s'identifier. Quel sens de l'humour ! Mais à la lecture du tableau, François perd son sourire et éprouve comme des envies de meurtre. Raphie ferait bien d'engager des gardes du corps. À son tour, il écrit un mot sur le tableau pour sa prof éternellement insatisfaite : « Je suis déçu car j'aurais aimé un encouragement de ta part surtout qu'avant l'audition tu m'as dit que c'était mieux. »

Heureusement qu'avec ses copains il trouve encore des occasions de rire. Et quand il n'y en a pas, il les invente. Sa dernière trouvaille : faire croire aux autres qu'il va passer un casting pour *Les Dix Commandements*. Il entraîne tout le monde dans la salle à manger et hurle : « Je vous ai niqués ! » Il est content, c'est le principal. En fait, ce n'est pas un casting mais un repas qu'il a gagné à un jeu. Et il a choisi d'en faire profiter tous les élèves. Hamburgers-frites à volonté !

Tout le monde se jette sur la nourriture, Jeni en tête. Si François a envie de tordre le cou à Raphie, il ne doit pas être le seul. Avec ses conneries, Jenifer a repris un kilo.

Vendredi 7 décembre 2001

Exceptionnellement le *prime* a lieu ce soir. Mais il n'y a pas que la date qui soit exceptionnelle, les invités le sont aussi. Les *prime* se suivent et ne se ressemblent pas. Ils côtoient tellement de stars, ces soirs-là, qu'ils ne vont bientôt plus savoir qui ils ont croisé. De quoi en attraper le tournis.

Chanter *D'aventure en aventure* avec Lama paraît à la fois surréaliste et parfaitement naturel à Jenifer. Elle prend de drôles d'habitudes à la Star Academy. Après, il va falloir avoir de sérieux arguments pour lui demander de chanter avec le premier venu... Serge Lama a l'air ravi. Et elle donc ! Il prend sa partenaire d'un soir dans ses bras à la fin de la chanson. Elle a l'air d'être fabriquée en chamallow. Nikos aurait dû avoir le réflexe de lui avancer une chaise, mais il ne peut pas être partout !

À peine remise de ses émotions, elle voit une autre star arriver sur le plateau : Julien Clerc. Inutile de préciser qu'il ne passe pas inaperçu. Tout le monde l'admire et les filles le trouvent absolument irrésistible, sans oublier que sa carrière fait rêver. Chacune s'est mise sur son trente et un. Pas un cil qui n'ait été passé en revue jusqu'à la dernière minute ! Il est vrai qu'une occasion comme celle-là ne se représentera peut-être jamais.

Mario, Djalil et Olivia ont chanté un medley des chansons de Julien. Puis il est venu les rejoindre sur *Cœur de rocker*. Il est beau comme un dieu, le Cœur de rocker ! L'atmosphère semble électrique, comme le jour de la visite d'Adriana. Mais, cette fois, ce sont les filles qui ont des yeux de merlan frit.

Ce soir, Patrice suscite la curiosité. Profs et élèves tentent de percer sa personnalité. En fait, cela fait presque deux mois que le groupe s'est formé, et Patrice est toujours aussi secret. Presque une énigme. On peut facilement comprendre sa réserve, car il est très pudique. Jenifer et Jessica aussi, à certains moments, ont pu paraître effacées ou carrément absentes, tant elles n'aiment pas se livrer en public.

– Physiquement, je suis au château, précise-t-il, j'assume ma présence, mais parfois, lorsque c'est dur et que mes progrès sont petits, je doute.

Il a l'impression d'être un boulet pour l'équipe et admet ne pas être encore prêt à chanter.

Nikos, qui a pourtant ses petites fiches sur chacun des candidats, n'a pas non plus toutes les clés de l'énigme Patrice. Il le charrie sur son look et voudrait en avoir le cœur net.

– Le pantalon qui tombe, le cheveu en pétard, c'est exprès ?

– Je n'aime pas porter mon pantalon haut ! Ce n'est pas un personnage, j'aime être comme ça.

Kamel en profite pour poser une question à son élève le moins doué.

– Avant la Star Academy, Patrice, tu voulais être comédien. Alors pourquoi donc avoir fait cette école ? Pour devenir comédien ou chanteur ?

– Pour apprendre à chanter. Je sais que je ne

suis pas prêt, cela prendra du temps, mais je suis sûr que c'est mon métier.

Armande aimerait savoir quel cours manquera le plus à Patrice s'il quitte l'école.

– Tous, même la danse qui m'apprend beaucoup sur mon corps. Tous les profs me manqueront.

Sur ce Patrice interprète une chanson de Gérald de Palmas, *J'en rêve encore*, et les laisse tous ébahis. Pas une fausse note. C'est visiblement son style. Il a raison de s'accrocher.

Ensuite Nikos accueille Tina Arena, qui chante avec Mario *Allez plus haut*. Il assure, Mario. Il ira plus haut, c'est certain. Plus on le voit et l'entend chanter, plus on se dit qu'à la finale il a toutes ses chances.

Étant aux premières loges et donc ne perdant pas une miette des ruptures et des réconciliations au château, Nikos se tourne vers J.-P. et lui demande :

– Qu'est-ce qui vous fait croire que Jenifer va regretter d'avoir rompu avec vous ?

– Je l'aime et je veux qu'elle revienne. C'est juste une preuve d'amour.

Si seulement J.-P. pouvait se mettre dans la tête une fois pour toutes que les effusions et les déclarations en public ne branchent pas Jenifer, ce serait reposant pour tout le monde !

Mais Nikos en remet une couche et lance un magnéto sur J.-P. qui a cru très fin de passer une sorte d'annonce du genre « Je suis maintenant célibataire et je cherche une fille. » Très chic. *No comment*.

Puis Nikos refait le coup du magnéto pour souligner la gentillesse et le pouvoir de séduction de J.-P. On le voit chanter une chanson de Jacques Dutronc, *J'aime les filles*, et il assure bien. Armande explique facilement ce zéro faute soudain et inattendu.

– Dès qu'il se laisse aller à une frime naturelle et drôle, sa voix est parfaite et il est heureux.

Elle a pigé le personnage. Elle est peut-être la seule !

Le public aussi a compris le mode d'emploi et choisit de sauver J.-P. à 67 % contre 8 % pour François et 25 % pour Patrice. L'heureux rescapé fait des sauts de carpe. Il rejoint ses camarades et embrasse Jenifer. Mario est également ravi. Les autres font un peu la gueule. C'est la deuxième semaine que le public sauve J.-P.

C'est maintenant au tour des élèves de voter : Jessica, Carine et Djalil votent pour François, Olivia, Mario et Jenifer pour Patrice. Pour la première fois, il y a un ex-æquo. C'est donc à J.-P. de trancher, car il est l'élève repêché.

– Si je joue sur l'affinité, je choisis Patrice.

Patrice est très heureux. François prend sur lui. Djalil fait une gueule incroyable. Jessica pleure – encore ! – et a du mal à quitter le plateau et François. Dans les contes de fées, il y a aussi beaucoup de tristesse et de larmes.

Lundi 10 décembre 2001

On se croirait à Disneyland. Le château est décoré à l'intérieur comme à l'extérieur. Il y a plein de lumières partout. Ça en jette !

C'est bientôt Noël. Mais ici, les élèves sont quand même coupés du monde. Pour un peu, ils en oublieraient presque Noël et ses rites. C'est qu'ils vivent au rythme des cours et des nominations, et non des fêtes du calendrier. Heureusement, la célébration des anniversaires offre quelques repères, sinon la vie en communauté avec des personnes que l'on n'a pas choisies serait plutôt triste. Cette année, les filles vont devoir faire une croix sur les opérations shopping de Noël pour acheter des petits cadeaux à la famille et aux amis. C'est très frustrant. Jenifer, qui se décrit comme une dingue du lèche-vitrines, va de toute évidence être en manque. Dès qu'elle sera « libérée », elle se précipitera dans ses boutiques préférées...

Difficile de dire si Kamel est fin observateur ou si cela fait partie de ses plans. Toujours est-il qu'il leur fait préparer les évaluations en couples. Chacun choisit sa partenaire. Olivia fait équipe avec Patrice, J.-P. avec Jenifer, Jessica avec Mario et Carine avec Djalil.

Kamel doit bien rigoler dans sa barbe, car Mario a du mal à porter Jessica. En fait, les garçons ne sont pas à l'aise. On voit bien qu'ils ont peur de faire tomber leurs partenaires. Le prof a raison. Quelques kilos en trop peuvent ruiner une chorégraphie. C'est juré-craché, si elles deviennent stars, elles arrêtent les grignotages et les bonbecs !

Aujourd'hui : sortie exceptionnelle des élèves chroniqueurs à N.R.J. Pour une fois l'émission de radio ne se fait pas du château. Du coup, ils découvrent qu'une foule les attend pour leur faire signer des autographes. Ils n'en reviennent pas. Les gens ont l'air de connaître tous leurs faits et gestes, leur caractère. Cela prouve au moins une chose : que *Star Academy* est vachement suivie !

L'émission commence, un auditeur s'adresse à Djalil et lui fait remarquer qu'il se laisse aller. Djalil en est conscient.

– J'ai fait une semaine horrible, je ne m'en suis pas rendu compte, mais maintenant je vais redresser la barre.

– Jessica, ne crois-tu pas que ton style un peu particulier risque de te porter préjudice ?

– De quel style parles-tu ? Il ne faut pas voir le style mais l'intérieur du cœur, c'est tout.

J.-P. va, lui aussi, avoir son paquet.

– Face à Djalil et à Carine, tu ne fais pas le poids. Ils ont moins de chaleur que toi mais plus de talent.

– Il y a toujours plus fort que soi ; le tout c'est de se donner les moyens d'y arriver. Je pense que le travail paie.

De retour au château, ils sont tous crevés. Direction la cuisine. Pas pour papoter, mais pour *manger*. Trop envie de chocolat ! Patrice et J.-P., en parfaits gentlemen, rassurent Jenifer, soucieuse de sa ligne.

Après une partie de billard endiablée avec J.-P., Jenifer est heureuse que l'entente entre eux soit rétablie. Mais elle ne voudrait pas qu'il se remonte la tête. N'a-t-il pas confié à Olivia qu'il pensait qu'elle allait revenir ?

Mardi 11 décembre 2001

À y regarder de plus près, presque deux mois après leur arrivée au château, les couples se sont formés. On peut tricher quelques jours, cacher ses préférences plusieurs semaines, mais les affinités finissent toujours par ressortir.

J.-P. et Jenifer ont sans doute été les premiers à s'exposer, mais lui était tellement pressé ! Au fil des jours, Jessica et Mario sont devenus de plus en plus complices. Quant à Olivia et Patrice, on ne sait pas ce qu'ils mijotent, mais il se trame quelque chose. Difficile de dire quoi, avec Patrice. Il n'est pas franchement extraverti. D'autre part, tout le monde sait qu'il en pince grave pour la directrice. Il faudrait être aveugle pour ne pas le voir.

Entre les histoires d'amour compliquées et le manque de concentration, il y a toujours de bonnes raisons pour expliquer les mauvaises prestations des uns et les ratages des autres.

Pendant *Sous le vent*, qu'elle chantait en duo avec Jean-Pascal, Jenifer a carrément éclaté de rire. Heureusement que les interprètes Céline Dion et Garou n'ont pas assisté au massacre. Pour une fois,

J.-P. était parfaitement dans la chanson. C'est le monde à l'envers !

La seule d'entre eux à avoir passé une bonne journée est Jessica. Elle a réalisé un autre de ses rêves : aller voir Lara Fabian en concert. Elle a eu la permission de quitter le château pour se rendre à Douai où se produisait son idole. Alexia lui a fait ce cadeau pour la récompenser de ses bonnes prestations aux côtés de Lara. Heureuse et émue, comme d'habitude, Jess n'a pu retenir quelques larmes.

Si Djalil, Patrice et J.-P. ne pleurent pas, eux, ils ont les boules. Les profs les ont nominés. Ils sont abonnés !

Mercredi 12 décembre 2001

Dans un mois jour pour jour, c'est la finale. Rien que d'y penser, les candidats encore en lice en ont froid dans le dos. Mais qui est vraiment prêt ? Vraiment concerné ? Même si tous ont énormément progressé dans de nombreux domaines, ils savent bien qu'il va falloir mettre les bouchées doubles pendant les jours à venir. Jenifer et Jessica sont claquées. Pire, Jeni est complètement à côté de ses pompes, aujourd'hui. C'est à se demander si elle ne rêve pas de « son » île. Le maquis lui manque probablement, le soleil, le sable et la lumière aussi. Mais Porto Pollo, ce sera pour plus tard. Après ces moments intenses passés au château, ça lui fera le plus grand bien. Pour l'heure, il s'agit de ne pas perdre la cadence.

Kamel fait la morale à Carine et à Jenifer.

– Vous ne vous prenez pas en charge ! Si vous perdiez du poids, ça serait plus facile pour tout. Si dans deux semaines vous n'avez pas maigri, vous porterez des tutus roses avec des collants. Et je suis sérieux.

Le monstre en est bien capable. Ce type est sadique, c'est pas possible !

Rien de tel que ce genre de menace pour leur redonner la pêche. Le tutu rose, ça le fait pas.

Disparue la fatigue. Envolé le stress. Carine a assuré dans la chanson de Brel *Quand on a que l'amour*. S'imaginer dans un accoutrement pareil lui a donné des ailes, on dirait. Et puis ce n'est pas dans cette tenue grotesque que les filles ont envie d'accueillir leur invité, Marc Lavoine. Toute la classe est perchée sur le perron. Poignées de mains et bisous. Présentations. Compliments. Encouragements. Au cours du déjeuner, le chanteur leur fait une révélation qui va droit au cœur des filles.

– Je suis tout le temps au régime.

Lui aussi ? Alors, être star, c'est être condamné à crever de faim ? Ça, ça va être dur !

Depuis peu, Mario et Jessica semblent être plus proches. Cela crève les yeux. Au moins, pendant ce temps-là, on va un peu lâcher la grappe à Jenifer et J.-P.

Plus tard Mario fait un massage très sensuel à Jessica.

Mario rejoint J.-P. et Patrice dans la salle à

manger et leur confie qu'il a envie de faire l'amour et cite Jess comme partenaire éventuelle. On se disait bien qu'il y avait anguille sous roche.

Mais sur le coup de 19 heures, sans le faire exprès, Nikos va calmer les ardeurs des garçons avec cette phrase tant redoutée de tous : « Les nominés sont... Patrice, Djalil et Jean-Pascal. »

J.-P. s'énerve (pourtant, il avait promis) et, après avoir traité les profs de cons, tourne les talons. Pour une fois, Jean-Pascal n'est pas à 100 % fautif. Jenifer n'est pas pour rien dans l'histoire, car elle l'a déconcentré pendant l'évaluation. De là à dire que c'est elle qui mériterait d'être nominée, c'est beaucoup. Personne n'a jamais eu à pousser J.-P. !

Jeudi 13 décembre 2001

La date fatidique approche. c'est à la fois motivant et effrayant. Il va falloir y aller, comme dirait Raphie. Les événements prennent une tournure sérieuse, surtout quand les élèves voient débarquer au château Gérard Louvin, le producteur de la tournée. Avec lui, on entre dans le vif du sujet. C'est un pro, il ne rigole pas et leur fait bien comprendre qu'ils doivent être rigoureux. On n'est plus au patronage. Il a prévu huit jours de répet' pour que tout le monde partage le quotidien des musiciens. Comme de vrais artistes préparant une vraie tournée. Là, on est dans la cour des grands. La preuve : les places pour les concerts à l'Olympia se sont vendues comme des petits pains. Ils commencent à réaliser l'ampleur de l'enjeu.

– Merci, mon Dieu, de me donner tout ça. C'est trop puissant, je suis tellement heureuse, confie Jenifer, comblée.

Aujourd'hui, J.-P., Olivia, Mario et Jenifer sont allés à l'université de Paris-Dauphine. Une bonne occasion de vérifier leur cote de popularité. Ils ne s'attendaient pas à fendre une foule aussi impatiente de les rencontrer. Et quand Nikos est arrivé pour leur annoncer qu'ils allaient chanter *La Musique* pour les étudiants, ils ont eu la surprise de voir que tous la connaissaient par cœur. Pour les remercier d'être venus, les étudiants ont offert aux artistes un petit lapin blanc mignon comme tout, sur-le-champ baptisé Dauphine. Dauphine a bien fait rire tout le monde, sauf les élèves qui n'apprécient pas de trouver des crottes de lapin dans leur lit.

Fidèle à elle-même, Raphie continue de surprendre ses troupes, pourtant passablement aguerries. Elle fait preuve d'une imagination débordante. Aujourd'hui, elle les encourage à lui faire... une scène de ménage. On dirait que non seulement l'exercice les branche, mais qu'il leur fait un bien fou. À ce petit jeu-là, Patrice et Jessica se détachent carrément du lot. Des experts. On croirait qu'ils se sont engueulés avec leurs partenaires toute leur vie.

Faire semblant de se fritter avec sa moitié, c'est plutôt rigolo. Ce qui l'a moins été, c'est la convocation chez la dirlo. Alexia n'y va pas par quatre chemins pour annoncer à Carine qu'elle doit perdre du poids. Il faudrait qu'à la prod' ils se calment un peu. Ce n'est pas parce qu'ils ont maté Adriana Karembeu avec des yeux exorbités que toutes les filles sont obligées de lui ressembler. De toute façon ce serait mission impossible. Elles sont venues pour chanter, pas pour suivre un régime amincissant ni ressembler à un top-modèle qui passe derrière les affiches sans les décoller. Depuis son arrivée au château Carine a pris six kilos (eh oui, tout de même !), « ce qui est aberrant », commente Alexia. Quand Jenifer entend son nom, elle comprend que les carottes sont cuites. Ça barde pour leurs matricules. La sanction tombe : tous privés de dessert. Comme des mômes. Toutes les sucreries et gourmandises seront à nouveau supprimées au château. Aux grands maux les grands remèdes : garçons et filles sont condamnés au régime sec. Qu'on se le dise. Seules rescapées les tartes, et encore, seulement une fois par semaine. Les autres – ceux qui n'ont pas pris un gramme – tirent une tronche de six pieds de long. Des yeux revolvers mitraillent Carine et Jenifer. Elles voudraient fondre sur place, mais ça c'est prévu au programme : c'est juste une question de temps. En tout cas bravo, Alexia.

Immédiatement, c'est le branle-bas de combat au château. Sauve qui peut. Mario et J.-P. filent ventre à terre dans la cuisine pour préserver quelques gâteaux s'il en est encore temps. Cécile les imite. Elle planque des cookies dans la salle de bains des filles. C'est toujours ça.

Quand Mario cherche la nourriture qu'il avait cachée, il est feinté. La prod' a tout repris. Les vaches ! Heureusement qu'Olivia a été plus maligne en cachant son butin dans une bien meilleure cachette. Olivia reçoit les félicitations de ses camarades qui se sont régalés avec ses cookies.

D'accord, dans la vie, il n'y a pas que la bouffe. L'amour, ça compte aussi. Dans le sauna, Jessica et Jenifer papotent entre filles. Une bonne occasion pour Jessica de lui confirmer que Mario est en train de tomber amoureux d'elle. Jess confie que, petit à petit, elle aussi est de plus en plus accrochée. Pour Noël, Mario souhaiterait lui offrir un voyage. Et quand un Italien romantique fait ce genre de proposition, c'est Venise ou rien. À suivre !

Vendredi 14 décembre 2001

Quelques minutes après le début du cours de Vincent, ça n'a pas tardé à péter. Ce matin, ceux qui meurent d'envie de claquer J.-P. sont légion.

– Je ne peux plus supporter ton comportement, lâche le prof de sport. Je veux donc qu'on mette ça au clair. Il y a deux solutions : ou je n'ai plus aucune remarque à te faire, ou tu n'assistes plus à mes cours. Si tu es touché dans ton amour-propre et que tu ne supportes pas que quelqu'un de plus jeune que toi te fasse des remontrances, dis-le ! Dans ce cas, tu ne viens plus ; comme ça, je ne te juge plus.

J.-P. se défend.

– Ici il faut se donner, et quand je n'y arrive pas je pète un plomb et j'envoie le prof promener. C'est normal. J'ai l'impression que vous ne captez pas qu'il faut tout emmagasiner très vite. Et même avec de la bonne volonté, je ne peux pas rattraper les autres.

D'autres, à sa place, auraient fait l'impasse sur « la bonne volonté ». Quoi qu'il en soit, Vincent veut juste mettre les choses au point.

– Tu crois que tout t'est dû, lui balance-t-il.

J.-P. accuse le coup pendant le cours. Mais, après, il va pleurer dehors.

Les profs ont raison d'être exigeants. Cependant, on peut tout de même se poser la question : se rendent-ils bien compte du rythme d'enfer auquel ils soumettent leurs élèves ? Mathieu, qui partage avec Florence la lourde tâche de leur faire répéter leurs chansons, ne les épargne pas non plus. Au dernier *prime*, il avait honte. Leur interprétation de *La Musique* était, paraît-il, abominable. Super, pour motiver les troupes...

Il fait remarquer à Jenifer qu'elle est « fatiguée, pas assez souriante ». Un vrai médium, ce Mathieu.

Alexia convoque J.-P. dans son bureau. S'il se demande ce qu'il a encore fait, il va vite le savoir.

– Tu recommences à être de mauvaise humeur, à parler mal, et ton attitude méprisante envers les profs est inadmissible.

Il ressort de là abattu. Il y a de quoi, car il a été purement et simplement menacé d'un avertissement. Si avant mardi il ne s'améliore pas, Alexia réunira le conseil de discipline. J.-P. risque l'exclusion. Il y avait longtemps ! Une fois n'est pas coutume, il ne la ramène pas. En fait, il est préoccupé par autre chose. Et c'est dommage, car il a perdu toute sa concentration. Dans la chambre, il a avoué à Patrice qu'il est de plus en plus amoureux de Jenifer qui, de toute évidence, persiste et signe : on ne peut pas mener de front boulot et histoires de cœur. Encore moins devant des caméras. Un perroquet bien entraîné pourrait le dire et le répéter à J.-P. soir et matin, histoire qu'il se mette ça dans le crâne une fois pour toutes.

Mario aussi a l'air de plus en plus accro. Il se moque gentiment de Jessica et se prend, en guise de réponse, un « je t'emmerde » dans les gencives. C'est l'amour vache entre eux deux. Personne ne bronche. Les vannes, ça entretient l'amitié. Pourtant, quand on entend Mario répondre à son tour « mais moi, je t'aime », le silence est à couper au couteau. Ça, c'est une déclaration d'amour ou on ne s'y connaît pas !

Les déclarations des uns et les engueulades des autres n'ont pas révolutionné la journée. L'événement le plus marquant de ce 14 décembre, ce sont les crêpes qu'Olivia et Jenifer ont faites avec amour et surtout mangées avec délice !

Samedi 15 décembre 2001

Pour le *prime time* de ce soir, et pour accueillir dignement Patricia Kaas – l'invitée d'honneur –, Jenifer a changé de look. Sweat rose et jeans customisé. Style décontracté. Olivia est super élégante. Hyper classe.

Ils chantent, comme il se doit, un medley des chansons de Patricia. Exceptionnellement, celle-ci a demandé à ce que Patrice soit présent, car elle « aime sa personnalité » et avait envie de chanter avec lui. Jenifer n'est pas en reste, qui interprète *Mon mec à moi* en solo. Elle est ravie.

Ce soir, ça crève les yeux. La Star Academy existe. Fans et supporters se comptent par millions. Grisant. Nikos précise que dès le deuxième jour de sa sortie dans les bacs, *La Musique* était déjà disque d'or. Au bout de quatre jours il a franchi le cap du disque de platine et après six jours il s'est transformé en disque de diamant. Aujourd'hui, les ventes s'élèvent à un million deux cent mille exemplaires. Un record absolu, puisque c'est la plus forte entrée dans l'histoire du top 50 ! Les élèves sont fous de joie. Et Jessica en profite pour verser une larme. Normal.

Élèves ou profs, ils ont tous leurs tics de langage et leurs expressions favorites. Nikos a prévu un petit sujet là-dessus. Jessica, hormis ses larmes, répète à tout bout de champ « j'ai la rage ». Mario assure « tout, je donne tout dans tout », ce qui n'est pas faux. J.-P., lui, siffle tout au long de la journée. C'est amusant. Ça correspond bien au tempérament de chacun. Sauf pour Jenifer. Il paraît qu'elle prononce beaucoup le mot « malheur ! » alors qu'ici elle nage dans le bonheur. Dans le clan des profs, quand Raphie n'envoie pas des vannes cinglantes, elle dit souvent : « C'est joli. Voilà de jolis moments. »

Les filles concernées par les régimes aiment moins le reportage sur le grignotage au château. Carine et Jenifer, pour ne pas les citer, sont encore les cibles du nutritionniste et de la prod'. Elles en ont ras-le-bol de jouer la pomme de Guillaume Tell. C'est de la délation pure et simple, car elles ont été filmées en train de manger en cachette. Craquer sur le chocolat, c'est humain. Surtout quand les autres s'empiffrent devant elles, c'est difficile de résister.

Carine fait son mea culpa. Oui, elle doit perdre cinq kilos. Et elle le sait, merci. Mais, plutôt que de lui rabâcher le même refrain, on pourrait la féliciter pour son duo parfait avec Nicole Croisille. Elle était vraiment à la hauteur.

Puisqu'on en est aux confessions publiques, Jenifer avoue, à son tour, avoir dégusté successivement quatre parts de tarte. Elle a craqué, d'accord, mais elle tient tout de même à préciser que, depuis le dernier *prime*, elle a perdu un kilo neuf cents.

Dieu merci, Nikos décide de passer à autre chose. Au hasard : les nominations. Patrice bat tous les records. Pour lui, c'est la quatrième fois ! Il n'est pas rancunier. Il dit ouvertement qu'il aime particulièrement Alexia. Il la trouve « très gentille, vraiment mignonne, avec beaucoup de charme ». Ça, on le savait déjà. On n'avait pas rêvé, il y avait bel et bien anguille sous roche ! D'ailleurs, la directrice a semblé très touchée et un peu gênée face à cette déclaration. J.-P., lui, est moins beau joueur que Patrice. Les nominations, il les digère rarement bien. Nikos lui demande si depuis le blâme il a pris les bonnes résolutions qui s'imposaient.

– J'ai reçu des avertissements dans toutes les écoles où je suis allé, avoue J.-P. en riant. Je crois qu'il faut me botter le cul pour me faire avancer. J'en fais la promesse : si je m'emporte encore une fois devant un prof, je souhaite qu'il m'exclue de l'Academy.

Maintenant il tend le bâton pour se faire battre ! Mais puisqu'il semble avoir retrouvé la raison, Jeni en profite pour lui demander :

– Et si c'était à refaire ? Si l'on pouvait remonter le temps, changerais-tu de comportement vis-à-vis de moi ?

– On ne peut pas changer son caractère, c'est très dur. Tu sais comment je suis, tu m'as accepté comme ça un mois. Je crois qu'il faut accepter les différences de l'autre.

Jenifer a la désagréable impression de ne pas avoir été comprise. Il n'a jamais été question qu'il change de caractère.

Jessica, elle aussi, essaie de comprendre le personnage.

– Vas-tu essayer de devenir chanteur ?

– Ça fait deux fois que je chante au *prime* en

direct. Aujourd'hui j'ai trouvé ça génial. Je prends vraiment du plaisir. Et si en sortant je peux continuer, je reprendrai des cours.

La bonne volonté fraîchement retrouvée de Jean-Pascal a conquis les téléspectateurs qui ont voté à 66 % pour lui, 20 % pour Patrice et 14 % pour Djalil. Une fois de plus, J.-P. est repêché.

Maintenant les élèves doivent choisir entre Djalil et Patrice. Jenifer vote pour Patrice, Mario et Olivia aussi. Jessica et Carine choisissent Djalil. Patrice repart au château. Jessica est en larmes. Non, ce n'est pas un copier/coller malencontreux. Jess pleure souvent, c'est tout.

Dimanche 16 décembre 2001

Retour au château après le *prime*. Mario et Patrice s'embrassent ; le premier est heureux que le deuxième soit là. « J'ai voté avec mon cœur », confie Mario à son ami. On comprend d'autant mieux ce qu'il ressent que Mario est un garçon très sensible pour qui l'amitié compte beaucoup. Ce principe de vote et d'élimination est cruel car, en fait, tout le monde mérite de rester.

À leur arrivée, ils sont éberlués de trouver des fans agglutinés autour du château en train de scander « J.-P., J.-P., J.-P. ! » Et lui, qui se la joue star, sort sur le balcon comme un roi saluant ses sujets. Il n'en croit pas ses yeux. « C'est énorme ! »

Star ou pas il faut aller dormir, les petits loups, car tout à l'heure le réveil va sonner tôt. Un charter shopping est prévu. Même les Academyciens ont le droit de faire un tour dans les magasins pour leurs emplettes de Noël.

Dimanche matin, à l'heure d'ouverture des boutiques

Pas franchement réveillés, ils se déplacent un peu comme des zombies. En arrivant sur les lieux, on leur explique les règles du jeu : il faut tirer au sort un nom dans un chapeau et acheter un cadeau à cette personne. Olivia tombe sur Jenifer, qui tombe sur Olivia. Le hasard fait bien les choses, elles sont copines. Patrice doit choisir quelque chose pour Jessica, J.-P. pour Patrice et Mario pour Carine qui doit acheter un truc à J.-P. Jessica voit sur son petit papier le signe du destin : elle doit offrir un présent à Mario.

Carine aide Patrice à choisir un cadeau pour Jessica. Mario achète des fringues à Carine. Olivia fait ses emplettes : un pyjama et des pantoufles pour Jeni. Mario fait une razzia de bijoux chez Agatha. J.-P. dévalise le rayon des parfums. Jenifer craque sur des accessoires sympas pour Olivia (gants, ceinture, un petit haut). On dirait qu'elle se venge des jours et des semaines de privation. J.-P. choisit une belle montre pour Mario afin d'honorer un pari. Mario est presque gêné de recevoir un objet d'une telle valeur. Jean-Pascal a beau jouer les princes, tout le monde sait qu'il est dans le rouge à la banque. Cela dit, il n'est pas le seul et unique panier percé de la bande. Et encore, ils sont freinés dans leur fièvre acheteuse. En ne sortant presque pas et en n'ayant pas d'argent sur soi, les dégâts sont limités. À moins qu'un espion soit planqué dans le parc pour les approvisionner en liquide, les élèves devraient faire de sacrées économies. Sauf J.-P. qui ne fait rien comme tout le monde.

Est-ce pour ne pas gâcher leur joie après cette matinée de shopping ou parce qu'ils ont vraiment progressé, voire un peu des deux ? Toujours est-il que Raphie ne les allume pas trop sur leur dernier *prime*. « Mieux ! Plus juste. Plus dynamique » sont des mots qui leur vont droit au cœur. Elle est contente des améliorations que chacun a apportées. Ils n'en demandent pas plus et zappent joyeusement les quelques remarques critiques. La trêve des confiseurs, c'est aussi valable pour les artistes, non ?

En revanche, la prod' ne les lâche pas d'une semelle. Elle remet ça avec la bouffe. On leur promet à tous des lendemains qui déchantent. C'en est à se demander à quel point il sera nécessaire de passer à table. Quand on pense à tout le foin que faisaient ceux qui étaient de corvée de vaisselle ! Plus besoin d'assiette pour suivre ce régime draconien. Si ça continue, personne ne va reconnaître les candidats rescapés des nominations et des privations.

Ah, si les murs de la cuisine pouvaient parler ! Jessica et Mario sont scotchés l'un à l'autre et s'embrassent langoureusement. Hyper romantique. Dans le genre séducteur, Mario assure. Et dans le style grossier personnage, J.-P. assure également. Ses réflexions sur l'un des strings de Jenifer tournent au vulgaire. Lui demander d'arrêter ne sert pas à grand-chose. J.-P. est en manque ! Ça se voit. Il dit à tout le monde qu'il n'en peut plus.

À l'abri des regards, Jessica et Mario réussissent à prendre une douche ensemble. Les voilà blottis dans le même lit. J.-P. et Jenifer viennent les emmerder. Pas franchement cool.

Chaud, le château, après plus de deux mois d'abstinence !

Lundi 17 décembre 2001

Kamel a ses troupes à l'œil. Étant donné qu'elles sont réduites, il est, comme les autres profs, encore plus attentif et plus disponible pour chacun. Davantage sur leur dos aussi. C'est le revers de la médaille. L'exercice d'assouplissement est rock'n' roll. Jenifer fait partie des élèves qui rament un peu. Manque de bol, Kamel s'en aperçoit et la menace. Après le tutu rose, il lui fait le coup du chantage. Ce type-là est un monstre.

– Jenifer, si tu n'y arrives pas, tu seras nominée la prochaine fois !

Si elle n'appréciait pas autant ses cours et sa rigueur, elle aurait envie de le coller contre le mur. Mais il a raison, elle le sait. C'est la dernière ligne droite et il faut foncer.

Si au moins les élèves étaient nourris correctement ! C'est connu, la bonne bouffe remonte le moral. Du coup, celui de Patrice n'est pas au top. En plein déjeuner, il pique une crise car il veut un bon steak au poivre avec des frites. Ah, des frites ! Ils en rêvent tous tellement que ça frise l'obsession.

Côté cœur aussi, l'obsession guette Mario. Il veut à tout prix que Jessica s'installe dans sa chambre. Jess refuse de laisser tomber ses copines. C'est donc lui qui change de chambre. Amour, amitié, ça va être coton à gérer.

Mario et Jessica répètent ensemble et semblent de plus en plus amoureux. Un slow, improvisé dans le petit salon sur une musique de Lara Fabian, illustre bien la situation.

La complicité entre Jenifer et J.-P. n'est plus aussi évidente. On dirait qu'il cherche à la mettre en colère, hors d'elle. Pour obtenir une réaction. Pendant le dîner, il décide de lire à voix haute un bouquin sur les lapins. Tout le monde est saoulé. Jenifer lui demande d'arrêter. Il le prend mal et hausse le ton. Elle aussi. C'est précisément ce qu'il attendait. Mais Jenifer ne se laisse pas faire. Terminé !

– J.-P., tu te calmes. Si tu as les nerfs, ce n'est pas la peine de m'agresser comme ça.

Du coup, elle éprouve le besoin de parler avec quelqu'un de normal. D'équilibré. Elle appelle sa mère.

– Maman, j'ai peur. Cette semaine, j'ai dégringolé. Demain je vais chanter *La Bohème* et la chorégraphie de Kamel est super longue. Je n'arrive pas à me souvenir des pas. Ça va, sinon, à la maison ?

Sa mère lui dit de s'accrocher, de penser à elle et de travailler sa mémoire.

Ce soir, Olivia, Mario, J.-P. et Jeni ont rendez-vous avec les auditeurs. Message d'une admiratrice qui a un peu les nerfs : Sylviane, la maman de J.-P. :

– J'ai l'impression que ta Carte Bleue, il faudrait la mettre au frais, elle a un peu trop chauffé.

J.-P. ne dément pas. Il l'a d'ailleurs confiée à la prod' pour ne plus l'utiliser.

Mario se fait charrier par l'animateur qui veut savoir – il n'est pas le seul – s'il s'est passé quelque chose sous la douche. Non, il ne s'est rien passé ! On attend d'être sortis.

Mardi 18 décembre 2001

Sur le calendrier, aujourd'hui, c'est la Saint-Gatien. Mais vu la journée que Jeni a passée, on aurait plutôt pensé que c'était la Sainte-Jenifer. Avec ce qu'elle a pris dans les dents en plein cours de sport !

Vincent questionne les élèves.

– Quelle est la différence entre Jenifer et Mario ?

Jeni a bien sa petite idée.

– Un petit problème de mémorisation, peut-être ?

Vincent n'accepte pas sa réponse et pète un plomb.

– La différence est simple : lui fait des efforts et pas toi, ou alors tu te fous de ma gueule...

Elle est scotchée ! Est-ce que par hasard J.-P. déteindrait sur les profs ? Quoi qu'il en soit, elle l'a mauvaise. Elle ne peut pas le laisser dire ça. Elle se défonce depuis plus de deux mois et il l'insulte devant tout le monde. S'il a les nerfs, il ne doit pas les passer sur elle.

Jeni fonce dans la salle d'entretien.

– C'est n'importe quoi, je ne me fous pas du tout de sa gueule. J'ai un problème de mémoire, c'est vrai. Ce n'est tout de même ma faute si je me rappelle les pas de danse et pas ceux de step. J'essaie justement de travailler et ça commence à porter ses fruits. Il faut peut-être un peu plus de patience !

Bref, ce n'est pas en lui aboyant dessus que ça va faire avancer les choses. Mais la journée a continué sur ce ton. Raphie s'y est mise et a trouvé que Jenifer surjouait.

Elle répète à son tour *La Bohème* et la prof arrête brutalement la musique. Elle est en colère car, paraît-il, Jenifer ne plante pas le décor !

Elle attend que l'orage passe, mais ça redouble de plus belle.

– Pourquoi choisissez-vous des trucs pareils ? Vous êtes incapables de les chanter ! Tu n'es pas crédible, il faut avoir un peu de vécu pour ça !

Re-salle d'entretien. Jeni adore cette prof.

– Elle va chercher le petit truc qui cloche et comprend tout de suite ce qui ne va pas, c'est hallucinant. Mais là, elle y va un peu fort...

Jenifer a déjà été plus confiante pour passer l'évaluation. Ça doit se voir comme le nez au milieu de la figure, car J.-P. essaie de lui remonter le moral. Quand arrive son tour, elle retrouve sa pêche et s'accroche. Raphie est persuadée qu'à son manque de concentration s'ajoute le mauvais choix de la chanson. Elle est déçue. Heureusement, Kamel plaide sa cause et Armande n'est pas négative.

Mais en fin de journée – on dirait qu'ils se sont donné le mot –, Florence lui redit qu'elle manque de concentration. Elle le saura !

La directrice convoque les profs pour statuer sur le cas J.-P. Sera-t-il renvoyé ou non après son blâme ? Armande, Vincent, Kamel et Raphie n'ont rien à signaler. Pour l'instant il se tient à carreau. Mais pour combien de temps ?

Au tour de J.-P. d'aller chez la dirlo. On se demande s'il n'en a pas marre des convocations, des sermons et des rappels à l'ordre. Les profs l'ont à l'œil et au moindre dérapage, c'est la porte. Direct.

Jean-Pascal est capable de prendre la tête à tout le monde et en même temps de faire preuve d'une belle générosité. Raison pour laquelle maîtres et élèves arrivent à lui pardonner ses délires. C'est tout de même lui qui a eu l'idée d'organiser une sortie à l'hôpital Trousseau pour rendre visite aux enfants malades. Jess, Patrice, J.-P., Nikos et Jenifer y ont retrouvé Annie Cordy. À quelques jours de Noël, petits duos improvisés, sourires, dédicaces et paroles sont les bienvenus pour égayer le séjour des petits à l'hôpital. Les artistes en herbe ont sans doute compris que toutes les paillettes et les sunlights du monde ne pouvaient gommer la douleur et la souffrance. Quand on choisit ce métier, il faut aussi penser aux autres et ne pas toujours se regarder le nombril.

Petit détail qui a son importance : il y avait plein de chocolat et Jenifer n'y a pas touché de toute la journée !

Mercredi 19 décembre 2001

Aujourd'hui, bain de foules pour les élèves et une séance de dédicaces sur les Champs.

Les nominés font grise mine. Et Jeni en fait partie ! Raphie l'a mise dans le lot avec J.-P. et Patrice. Patrice fait le compte ; c'est la cinquième fois qu'il est sur la sellette. Le trio perdant de Kamel c'est J.-P., Mario « pour qu'il se lâche enfin » et Jessica qui ne résout pas son « problème de coordination ». Vincent élimine J.-P., Patrice et Olivia car cette semaine elle était très dissipée à cause de Jeni. Et pour couronner le tout, Armande, qui cite les abonnés à la nomination Patrice et Jean-Pascal, hésite entre Jessica et Jenifer pour faire le troisième larron. Elle finit par garder cette dernière car « elle a un fort potentiel ».

La journée aurait pu être pire, non ?

Vendredi 21 décembre 2001

Jamais deux sans trois. Les deux derniers jours n'étaient pas top. Alors pourquoi cela changerait-il ?

De bon matin, le nutritionniste vient torturer Jenifer. Cauchemar à domicile. Petit récapitulatif : à la première consultation elle pesait cinquante-cinq kilos, à la deuxième six cents grammes de plus, à la troisième cinquante-quatre kilos huit cents et la quatrième cinquante-six kilos deux cents. Le toubib lui rappelle l'objectif de départ : descendre en dessous des cinquante-cinq kilos et même approcher des cinquante et un. Elle se pèse et la balance affiche cinquante-cinq huit. Saloperie de machine. Elle pleure de rage ou de découragement. Peut-être les deux. Il y a de quoi. Elle a tout supprimé, elle a fourni un effort surhumain et ça ne se voit même pas. Elle était pourtant persuadée d'avoir perdu du poids car elle pouvait se glisser à nouveau dans tous ses pantalons.

C'est la première fois qu'elle craque depuis son entrée au château, alors les autres se mobilisent. Forcément. Olivia vient la consoler. Elle comprend son ras-le-bol. Jenifer prend une décision : ne plus faire régime ; ça ne sert à rien. Le tutu que Kamel lui avait promis doit lui revenir vaguement en mémoire à ce moment-là. Ça demande tout de même réflexion !

À la fin de son cours, Kamel lui propose un *deal* : il oublie le tutu et elle se montre vraiment vigilante. D'ailleurs, il en offre un, miniature, à chacune des filles. En souvenir de ce petit clin d'œil.

Si Jeni n'a pas spécialement la pêche, personne dans le groupe n'est au top. Surtout pas Mario qui pense à Jessica et ressent son mal-être.

Le seul à avoir connu une petite joie aujourd'hui, c'est J.-P. Quand il a vu qu'il neigeait dehors, il a couru dans tout le château pour annoncer la nouvelle. Puis il s'est installé sur une chaise au milieu du jardin pour regarder les flocons tomber.

Samedi 22 décembre 2001

Quel *prime* d'enfer ! Patrick Bruel et Elton John en chair et en os, c'est un beau cadeau de Noël !

Super émouvant de chanter avec Patrick *Place des grands hommes* en ayant remplacé les prénoms initiaux par ceux des élèves. On y pense justement : « ... Rendez-vous dans dix ans... » Que seront-ils devenus, eux, les apprentis chanteurs de l'Academy ? Des stars, comme lui, ou de parfaits anonymes avec de beaux souvenirs de leur courte vie de château ? Après le 12 janvier et bien après encore, le psy ne pourra pas se tourner les pouces.

Tout le monde l'aime, Bruel ! Les garçons en feraient bien leur meilleur copain, les filles aussi... et plus si affinités. Quelle effervescence ! D'entrée de jeu, Patrick a eu un bon feeling avec toute la bande. Quand il a chanté *Casser la voix*, Nikos a repris le refrain en grec. Il a épaté tout le monde ! On commence à comprendre pourquoi il était prédestiné pour présenter *Star Academy*. Il connaît la musique !

Comme si cela ne suffisait pas, on leur annonce l'arrivée d'Elton John. Entrée très théâtrale, drapé dans sa cape, Elton *himself* interprète – avec Carine, Mario et Jenifer – un medley de ses *hits*. Ils vont demander à visionner la cassette, c'est certain, pour être bien sûr qu'il y étaient ! C'était la première fois que Jenifer chantait en anglais. Si elle avait pu deviner que les cours d'anglais ça pouvait servir à ça, elle aurait sans doute été plus assidue, plus attentive. Mais dans une vie de lycéenne provinciale, c'est le genre de truc imprévisible.

Incorrigible Nikos. Il ne peut pas s'empêcher de leur mijoter des petits sujets *people*, comme on dit, sur leurs idylles naissantes. Dès qu'il y a un bisou échangé au château, il croit qu'il y a anguille sous roche. Cela dit, il n'a pas tort. Ils ont beau jurer qu'il ne s'est rien passé, Patrice et Olivia ne sont pas fans du mini-reportage qui les montrent enlacés dans la cuisine. Sur le plateau, Olivia est super mal à l'aise. Elle pense certainement à la tête que doit faire son petit ami Harold qui, déjà, n'était pas très chaud pour accepter cette séparation. Pour leurs retrouvailles, il risque d'y avoir du sport. Patrice balbutie que ce n'est que de l'amitié. On n'est pas nombreux à y croire. Bon prince, Nikos passe à autre chose. À d'autres victimes : Jessica et Mario. Eux aussi, ils ont droit, sur grand écran et devant des millions de téléspectateurs, au résumé de leur romance : premier baiser et des images qui soulignent l'évolution de leur relation. Mario avoue qu'il est heureux avec elle. Pour avoir la paix, c'est ce qu'il y avait de mieux à faire. Côté amitié, pas simple non plus de dissimuler les embrouilles. Entre Jessica et Carine, ce n'est pas le grand beau temps. Nikos lance le sujet. Malaise entre les filles.

Explications, réconciliation. Comme dans toutes les familles, on se fritte de temps en temps. L'Academy ne fait pas exception à la règle. C'est plus sain de régler ses comptes en face.

Amour, amitiés, phobies... Tout y passe.

Les gens vont apprendre que Jessica a une peur panique de la foule. Quand ils sont sortis faire des dédicaces, la pauvre Jess était complètement affolée. Être connue et appréciée est une chose, mais se retrouver écrasée par une masse de gens lui fait peur. Les gardes du corps, ce n'est pas pour faire joli. Tous croyaient jusqu'ici que les *bodyguards* ne concernent que les vraies stars, celles qui peuvent se la jouer. En fait la notoriété suffit à rendre nécessaire la présence de deux ou trois armoires à glace – ne serait-ce que pour vous frayer un chemin. Sans être paniquée, du haut de son mètre cinquante-huit, Jeni n'en menait pas large !

Le classement de la semaine est sans grande surprise. Mais bonjour le suspense ! À la septième place : Patrice, « en progrès mais trop juste » ; à la sixième J.-P., qui « doit poursuivre ses efforts », suivi par Jessica qui cumule « les problèmes de justesse et de danse ». Quant à Jeni, elle échappe in extremis aux nominations et bénit les profs de lui avoir réservé la quatrième place. Mario, grâce à ses « progrès énormes », se retrouve en troisième position, devancé par Olivia (« à la superbe personnalité ») et par Carine, sur la plus haute marche du podium.

Tombe alors le résultat du vote des téléspectateurs : J.-P. caracole en tête avec 57,5 % des voix. Lui succèdent Jessica, qui en obtient 25 %, et Patrice qui doit se contenter de 17,5 % des suffrages. Bien que ravi, J.-P. est peut-être un peu mal à l'aise – face aux autres nominés – d'avoir été une fois de plus repêché par le public.

Très vite, Alexia met fin à ce problème de conscience. Par un véritable coup de théâtre. À trois jours de Noël, les profs tiennent à leur faire un cadeau, et non des moindres : oublier les nominations de la semaine. Pour une surprise, c'en est une ! Tous sont scotchés, hormis Patrice qui n'a pas l'air heureux. Il ne comprend pas que cette école, si rigide, se relâche. Et sur le moment il s'était vraiment préparé à sortir, car il avait vu sa mère pleurer de joie à l'idée de retrouver son fils. Il est content mais déboussolé.

Dans un état second, les nominés filent embrasser leurs bienfaiteurs pour les remercier. C'est trop cool.

Dimanche 23 décembre 2001

Ce n'est qu'au moment de remonter dans le bus qu'ils réalisent quel fabuleux cadeau la prod' vient de leur faire en les laissant ensemble. Désormais, ils sont sept, un chiffre porte-bonheur.

Il y a de plus en plus de monde agglutiné aux grilles du château quand ils rentrent des *prime*. Le bus a même du mal à avancer. Dehors, les fans sont massés pour les encourager et leur dire au revoir. Certains leur ont offert des présents adorables. Carine se jette sur une boîte de chocolats donnée par un admirateur. On la comprend ! Depuis qu'ils sont condamnés au pain sec, impossible de faire des excès. À pinces, la première épicerie doit bien être à dix kilomètres ! Oubliée la tentation de piquer des chocolats, Jenifer s'attarde sur ses cadeaux, plus personnels : un mug Betty Boop, un bonnet avec des paillettes, beaucoup de lettres et de dessins, des nounours... À force de voir Carine savourer ses chocolats, elle en subtilise un ou deux au passage, histoire de ne pas en oublier le goût. C'est Noël, tout de même ! Et de toute façon, personne ne l'a vue...

Au programme : relookage grâce à un coiffeur à domicile. Mario accepte de se faire couper les cheveux et J.-P. de se faire enlever ses mèches blondes, mais Jeni pas touche !

La séance photo peut commencer. Ils sont tous beaux – canon, même – et ils ont la pêche. Raphie le leur confirme ! Elle leur redit combien ils ont été « émouvants » lorsqu'ils ont rendu hommage au poète disparu Gilbert Bécaud. « C'était très classe », a-t-elle ajouté.

Il y avait longtemps que Jean-Pascal n'avait pas critiqué, râlé, ronchonné. Une bagarre entre Carine et lui commence. Mais au moment où cela menace de dégénérer, Jeni met le holà. Les engueulades de cours de récré, on n'a plus le temps !

J.-P. en veut à tout le monde. Il va en salle d'entretien vider son sac. Il se plaint que son copain Mario, « pratiquement marié », déconne moins avec lui. Il semble regretter le temps des copains au lieu de se réjouir pour Mario qui vit le début d'une belle histoire avec Jess.

La colère retombe et, le soir, J.-P. raconte des comptines pour endormir ses camarades de chambrée. Ce mec-là est un vrai môme !

Lundi 24 décembre 2001

Le cadeau de Noël, c'était samedi. Car aujourd'hui non seulement il y a cours, mais il y a sermon !

Alexia les convoque pour leur mettre un peu la pression. Et ça va aller crescendo.

– Au cas où vous ne le sauriez pas, nous sommes dans une phase finale de compétition ; fêtes ou pas, vous êtes là pour travailler. Par ailleurs, garçons et filles vont être séparés. Dorénavant vos cours s'organiseront de la manière suivante : les filles avec les filles et les garçons avec les garçons. Maintenant, messieurs, sortez du bureau !

Les filles restent entre elles, ébahies. Elles sont très unies et savent toutes que ce sera dur pour celle qui se retrouvera seule au château.

Alexia poursuit.

– Les filles, vous savez que samedi prochain, le public votera pour choisir le nom de la finaliste qui restera au château avec les garçons. Pour ces évaluations, je vous demande d'être le plus pros possible, de les envisager comme un casting. Soignez votre présentation, votre arrivée, donnez le maximum de vous-même. Faites un effort !

Elle est mignonne, Alexia ! Que font-elles d'autre, depuis plus de deux mois ?

J.-P. n'exulte pas à l'idée de se retrouver nez à nez avec Jessica. Quant à l'éventualité de partager ces derniers jours avec Carine, elle le fait hurler. Ce n'est pas un scoop : J.-P. aimerait rester avec Jenifer.

Xavier et Yves, les coréalisateurs de l'album, viennent le faire découvrir aux élèves. Ils sont em-ba-llés ! Un album pour de vrai, rien que pour eux. Ça aussi, c'est un cadeau de Noël énorme. Comme les fringues hyper glamour prêtées par la prod'. Smokings et tenues de soirée à volonté. Il n'y a qu'à se servir sur les portants et à choisir son style.

Jenifer fonce sur le noir – n'est-ce pas Pierre ? –, pantalon et petit haut noir ceinturé. Le noir a toujours avantagé les filles potelées. Le champagne coule à flots. Même si elle déteste cette boisson elle accepte toujours d'y tremper les lèvres, parce que ça porte bonheur. À minuit, échange des présents : barrettes, vêtements, peluches, casquettes, etc.

J.-P. refait un coup de Calgon. Il veut serrer très fort Jenifer dans ses bras. On veut bien admettre qu'il est toujours amoureux, mais là ce n'est ni le lieu, ni le moment.

Mercredi 26 décembre 2001

Ce matin, il neige. Un Noël sans neige ne serait pas vraiment Noël.

On entre dans une phase décisive. L'enjeu est énorme et la tension à son comble. Les maîtres et leurs disciples vont vivre ensemble quelque chose de fort. De mémorable. Kamel le ressent et fait partager à ses élèves sa propre émotion. Et s'il leur en a fait baver des ronds de chapeau, c'était pour les mener jusqu'au bout de leur rêve. Pour qu'ils donnent le meilleur d'eux-mêmes. Une noble mission qu'il a remplie avec passion.

– C'est notre dernier cours tous ensemble, aujourd'hui. J'avais envie de vous dire que vous aviez super bien bossé. Je suis content de vous. Maintenant les minutes sont comptées et il faut que vous vous battiez jusqu'au bout. Même s'il y a des affinités qui se sont créées, un seul ou une seule ira en finale. Ça ne veut pas dire que vous devez vous bouffer le nez. Au contraire, il faut être super positif, tout en vous rappelant à chaque minute que le décompte a commencé. Je suis super ému. Je voudrais qu'on se prenne tous la main pour se donner de l'énergie.

Le speech de Kamel les a touchés et boostés en même temps. Du coup, ils se déchaînent pour que les évaluations reflètent leur profonde motivation.

À J.-P. d'ouvrir le bal ! Décidément, il ne fait rien comme les autres. Tous les copains sont sur les nerfs et lui se pointe le bec enfariné, détendu, relax et souriant. En un mot, méconnaissable. Ça cache quelque chose ! Mario est n° 2 et réussit à battre le record à l'exercice de rapidité en diction : onze secondes sous l'œil admiratif d'Armande Altaï. Patrice aussi la joue décontracté et débarque avec un bonnet de Père Noël clignotant sur la tête. Les garçons font les malins, mais à l'évidence c'est une façon d'évacuer leur stress.

Chez les filles, c'est Jessica qui commence. La tension n'a jamais été si forte. Les profs ont perçu le manque de justesse de sa voix et Kamel juge qu'elle n'était pas dedans.

Jenifer enchaîne juste derrière elle. D'autant plus nerveuse qu'elle sait jouer gros. Pire qu'au lycée un jour d'examen !

Armande et Kamel sont contents mais Raphie, éternellement insatisfaite, trouve qu'elle n'était pas en place, avec un regard pas posé et une gestuelle surjouée. En croisant Carine, Jenifer l'encourage. Comme elle, la pauvre doit avoir 27 de tension.

Carine ne se laisse pas démonter. Elle se donne à fond et fait passer beaucoup d'émotion. Les profs sont scotchés. Si Raphaëlle juge la prestation « excellente », il n'y a rien à ajouter.

Olivia est nerveuse et doit penser à sourire. Il n'y a qu'à demander pour être servi. Comme c'est facile de sourire quand la trouille vous noue l'estomac ! Olivia réussit toutefois à montrer les dents (comme dirait Kamel) pendant la choré. Une prouesse. Prouesse reconnue illico par Armande. Avare de compliments, Raphie regrette le manque d'émotion. Pour elle, Olivia ne se « bouscule » pas assez.

Contrairement aux autres fois, les filles sont rappelées dans la salle d'évaluation et les profs ont décidé, pour les habituer à se faire jeter, de faire comme si elles étaient venues passer un casting. Ça rappelle quelque chose à pas mal de monde.

Raphie commence par Olivia à qui, selon elle, « il manque l'essentiel ». Toujours indulgente ! Pour Kamel, Olivia doit aller au bout de sa personnalité. De toutes les élèves, Olivia est, de l'avis d'Armande, celle qui chante le plus juste pour un enregistrement en studio. « Mais pour la scène, il faut davantage. » Raphie trouve Jessica « pas mal mais pas grandiose ». Kamel ne la garde pas, « même si elle s'est accrochée ». Armande ne la trouve « pas très juste ».

À Jenifer d'être sur la sellette. Raphie pense qu'« elle ne vit pas ce qu'elle chante et qu'elle manque un peu de classe ». Ça fait toujours plaisir.

– Mais, ajoute-t-elle, tu as la motivation et la pêche. Le choix est difficile ; je me pose la question de savoir si je te garde ou pas.

Avec ça, Jeni est bien avancée. Parfois Raphaëlle Ricel tape sur le système de tout le monde. Au point que certains lui tordraient bien le cou. Quant à Kamel, il se dit plus que satisfait par son travail mais la trouve « un peu lourde ». Elle le saura ! Enfin Armande lui confirme qu'avec du travail on peut lui faire faire beaucoup de choses.

– Je te prends car tu es malléable et recèle énormément de possibilités en toi.

Raphie prononce le mot « perfection » pour Carine.

Verdict. Ça vire au cauchemar. Raphie garde uniquement Carine. Kamel et Armande conservent Carine et Jenifer. À quelques jours de la finale, c'est important de savoir qui a ses chances. Si elles sortent vivantes de ce jeu de massacre, elles vont rayer le mot « verdict » de leur vocabulaire pour un bon moment.

Résultat des courses : Jessica troisième (donc dernière), Olivia deuxième, Jenifer et Carine premières.

Il est déjà bien qu'elles soient allées jusque-là. Elles ne s'en croyaient pas capables sur un plan purement artistique, même si le désir et la volonté de se battre ne les ont jamais vraiment quittées.

Visite de Michel, le responsable de l'agence photo, et de Philippe le photographe. Tout le monde est réuni dans le petit salon pour regarder les clichés. J.-P. en est malade : ses oreilles lui paraissent énormes. Le photographe félicite Jenifer.

– Il y a un mois et demi tu ne me le faisais pas, ça !

Avant d'être passé par là, personne ne réalise à quel point poser pour une prise de vue est un métier à part entière. Cela dit, le désir de plaire y est certainement pour quelque chose. Jenifer a toujours dit que, chez elle, séduire est une véritable obsession.

– J'ai besoin d'être regardée et courtisée en permanence ; ce qui explique que je suis relativement à l'aise devant l'objectif et face aux caméras. En plus, j'y prends un réel plaisir.

Pour leur changer les idées, la production leur a fourni des euros. Histoire de ne pas être complètement largués une fois sortis. Ils s'installent au Q.G. pour s'entraîner. Stars ou pas, il faudra bien qu'une fois revenus dans le monde « normal » ils règlent leurs achats dans cette nouvelle monnaie sans trop s'emmêler les pinceaux. Il n'y a pas à dire, les filles sont douées ; prêtes à craquer en euros !

Jeudi 27 décembre 2001

À J-16, nomination rime avec obsession. Il est temps que cela se termine, sinon ils vont tous finir chez les fous. Jessica et Olivia sont persuadées qu'elles vont plier bagages au prochain *prime*. Pour elles, tout se joue entre Carine et Jenifer. Au Q.G., plus question de manger. L'heure est aux pronostics, aux confidences et surtout aux doutes. L'ambiance pourrait se résumer par cette phrase : plus ça va, moins ça va. Jess confie à Mario qu'elle n'a plus envie de danser ni de faire du sport. Elle sent que le moment de partir est arrivé. Elle a fait ses preuves, alors basta.

Alexia a-t-elle du flair, ou bien un membre du

groupe a-t-il cafté ? Quoi qu'il en soit, à la surprise générale, elle convoque les filles dans son bureau.

– Jessica et Olivia, j'ai l'impression que vous êtes démotivées, que vous n'avez pas envie de vous battre. Ras-le-bol ? Absence de compétition ? Je ne sais pas. Ce n'est pas gagné, tout peut encore arriver. Je trouve cela dommage. Ce n'est pas uniquement un jeu : il y a un enjeu derrière.

Jolie formule, Alexia, mais depuis le 20 octobre chacun ne pense qu'à ça jour et nuit... au point d'en faire des cauchemars !

Si Olivia et Jess n'ont jamais caché qu'elles n'aimaient pas la compétition, Olivia, elle, n'a pas le sentiment de s'être relâchée. Quant à Jeni, elle ne compte pas baisser les bras.

Alexia en profite pour annoncer une bonne nouvelle à Carine. À 16 heures, elle quitte le château pour se rendre à un casting. C'est Luc Plamondon en personne qui souhaite l'auditionner pour sa comédie musicale *Cindy*. Justement ça tombe bien. Elle vient de « réviser » la douloureuse épreuve du casting avec les profs. Elle est fin prête.

Carine ne veut cependant pas se faire d'illusions. Elle va se donner à fond, comme d'habitude, après quoi elle verra bien. À son retour au château, Jenifer la presse de questions. Elle veut et exige – comme dans l'exercice de diction d'Armande – qu'elle lui raconte tout par le menu.

Luc Plamondon l'a accueillie. Il lui a dit qu'elle pourrait être un Garou au féminin. Les encouragements de ce grand pro lui sont allés droit au cœur. Il a pris le temps de lui conseiller de choisir un répertoire en harmonie avec sa voix. Impressionné par le fait qu'elle puisse chanter une chanson sans l'avoir répétée, il lui promet qu'elle ira loin car c'est déjà une professionnelle. Avec tout ça, si Carine arrive à fermer l'œil de la nuit...

En commençant déjà de préparer ses valises pour être prête samedi prochain, Jenifer a un gros coup de grisou. Un mélange de tristesse et de trouille. Olivia, elle aussi, file un mauvais coton. Elle rassemble ses affaires. Patrice la regarde préparer son sac. Et même s'il ne dit rien, on voit bien qu'il est abattu.

Jenifer appelle sa mère. Elle compte sur elle pour inciter tout le monde à voter. Pas seulement à Nice, mais en Corse également !

C'est leur dernier dîner tous ensemble. Triste et gai à la fois. Le champagne offert pour l'occasion n'efface pas le blues ambiant. Mais quoi qu'il arrive, cette expérience aura été unique.

Samedi 29 décembre 2001

Ce soir, Nikos casse la routine du *prime*. Il annonce une petite variante au programme : les filles doivent s'installer confortablement dans leur fauteuil, face au public, et répondre aux questions. Immédiatement, Jenifer s'attend à des interroga-

Kamel Ouali
mène la danse.

Aller plus haut !

Troisième mi-temps
pour les sportifs
de la Star Ac'.

Kamel ne badine
ni avec les formes
ni avec la forme.

Step touch,
la bête noire des
« Academyciens ».
Accroche-toi,
Mario !

Star Academy

J.-P. connaît la chanson !

Paroles, paroles, pour un duo de choc.

Mario, Carine, Jenifer et J.-P., sauvés par le gong !

Raphaëlle Ricel
est aux premières loges.

Portrait de groupe des futures stars : Olivia, Mario, Carine, François, Djalil, Jenifer et J.-P.

S'il n'en reste qu'une, ce sera Jenifer.

Jenifer qui rit,
Jenifer qui pleure
emporte la finale
le 12 janvier 2002.

Patrick Bruel leur donne *Rendez-vous dans dix ans.*

Premier concert à Divonne-les-Bains
pour les dix stars de l'Academy.

Jenifer et ses copains mettent le feu à Bastia
pour un concert mémorable.

tions sur Jean-Pascal. Comment y échapper ? Ça ne loupe pas. C'en est à se demander si Jenifer soi-même les intéresse ! D'accord, il faut jouer le jeu, mais si être artiste c'est avoir à se justifier sur tout, ce n'est pas la facette de ce métier la plus palpitante.

Nikos le souligne : « Jeni est très pudique. »

Pour ceux qui ont suivi la Star Academy depuis le début, il ne s'agit pas d'un scoop. L'intervention de Nikos aurait été nickel s'il n'avait pas cru bon de préciser que Jenifer se cachait pour se déshabiller. Ça se paiera. La vengeance est un plat qui se mange froid ! Par exemple, comme il a invité tous les élèves chez lui, en Grèce, il y aura forcément une occasion de régler ses comptes. En attendant, une sorte de jeu de la vérité commence. Dans l'assistance, une jeune femme – Audrey – reproche presque à Jenifer d'avoir accepté la montre que J.-P. lui a offerte à son retour de Londres, alors qu'ils n'étaient plus ensemble.

– Cette montre, je la porte car c'est un cadeau et J.-P. aurait été vexé que je le lui refuse. Je ne vois pas pourquoi je ne devrais pas accepter de cadeau sous prétexte que je ne suis plus avec lui. C'est un objet de prix, c'est vrai...

A-t-elle eu tort ou raison ? Pour le savoir, Nikos improvise un sondage sur le plateau.

– Qui, parmi le public, pense que Jeni doit rendre les cadeaux, la bague d'anniversaire et la montre ?

Quelques mains se lèvent.

– Qui pense, au contraire, qu'elle doit les garder ?

Les trois quarts de la salle lèvent la main.

La question de Marianne paraît plus intéressante.

– Qu'est-ce que ça fait d'être filmée vingt-quatre heures sur vingt-quatre ?

– Ça fait très bizarre, mais finalement on met les caméras de côté. On s'habitue très vite. Et on reste soi-même !

Corinne l'interroge sur la compétition. Elle a raison. C'est le vrai sujet, la véritable raison de leur présence ici. Et, pour certains d'entre eux, le nerf de la guerre.

– Vous a-t-elle soudées ou divisées ?

– Non, elle ne nous a pas du tout divisées. On pense la même chose toutes les quatre ! C'est surtout une compétition envers soi-même ; on se serre encore plus les coudes vers la fin.

Nikos remue un peu le couteau dans la plaie en rappelant à Olivia que la tournée va l'obliger à s'absenter deux mois de plus de chez elle. Comment Harold va-t-il prendre la chose ? Son petit ami est venu au château pour discuter avec elle et l'encourager, mais on sent bien que, au fond de lui, il en a marre d'être tout seul.

C'est quand même dingue que, au XXIe siècle, les mecs soient encore aussi machos, aussi possessifs et égoïstes. Tellement indécrottables !

Carine a également donné au public le sentiment d'avoir une relation avec un petit copain pas hyper cool. Salem lui pose franchement la question.

– J'ai l'impression que ton mec est un peu macho et je voudrais savoir comment tu gères ça dans la vie de tous les jours...

– Non, il ne l'est pas !

De là à dire que Carine a convaincu l'auditoire... Tout le monde a gardé à l'esprit une mémorable crise de jalousie au téléphone. Harold lui reprochait de s'être laissée aller au cours d'une soirée et d'avoir un peu forcé sur le champagne.

Édouard interviewe Jessica sur sa relation avec Mario. Les élèves se rendent compte que cette curiosité sur la vie privée est persistante et qu'il faudra faire avec s'ils deviennent des personnalités à part entière. Tous ceux qui ont plus ou moins flashé sur quelqu'un du groupe ont droit à ce genre de question.

– Vous avez mis du temps à vous retrouver, Mario et toi. Quel a été le déclencheur ?

– Ça s'est passé naturellement. On s'est découverts peu à peu et trouvé des points communs. Mais j'en profite pour dire que j'aime pas trop parler de ma relation avec Mario.

À son tour, Nikos interviewe les candidats pour connaître leur état d'esprit. À quelques heures du verdict – comment ne pas haïr ce mot ! – il teste leurs nerfs.

– Jenifer, êtes-vous toujours copine avec les filles ?

– Oui !

– Carine, seriez-vous prête à écraser vos copines pour y arriver ?

– Non !

– Carine, jusqu'où avez-vous envie d'aller pour y arriver ?

– Jusqu'au bout de moi-même.

– Olivia, on a l'impression que vous êtes un peu en dehors de la compétition depuis quelques jours...

– J'y crois encore, mais je n'aime pas l'esprit de compétition et je ne l'ai pas. J'ai peur de la suite.

– Jessica, voulez-vous, au plus profond de vous-même, vraiment gagner ?

– Non, je ne suis pas là pour gagner. Je n'aime pas la compétition. Pour moi, j'ai déjà gagné.

Un véritable interrogatoire. Pire que dans un polar, ils sont bombardés de questions.

– Jenifer, quels sont les défauts ou les qualités qui feront que vous allez gagner ou pas ce soir ?

Mais quelle mouche le pique ? Est-ce que Nikos a subitement décidé de les torturer devant des millions de fans ? Ou est-il prévu dans son contrat qu'il rende dingues les rescapés de la Star Academy ?

Il est marrant. Ils les connaissent par cœur, leurs défauts. Ils ne risquent pas de les zapper ; les profs leur ont rabâché à longueur de journée et sur tous les tons tout ce qui n'allait pas. Il aurait dû faire flic, Nikos, pas animateur !

En attendant, les interviewées se concentrent pour répondre le plus précisément et le plus honnêtement possible. Le public n'aura pas envie de voter pour une folle qui parle à tort et à travers.

Jeni s'y colle en premier.

– Défauts : justesse et stress. Qualité : le regard.

Au tour d'Olivia.

– Les plus : le naturel et l'honnêteté. Les moins : le stress aussi et des goûts musicaux particuliers.

Jessica enchaîne avec le seul gros défaut qui la paralyse dans sa progression, « l'envie de sortir du château. Ma qualité : la sensibilité ». Carine, elle, se sait « trop perfectionniste et persévérante ». Mais sont-ce là des défauts ?

– Jenifer, qu'est-ce que la Star Academy vous a apporté ?

Fastoche ! Là, elle a l'impression d'être la première de la classe.

– Du bonheur, des super-cours, un super-public, un super-Nikos et des amis surtout.

Une super-réponse.

Olivia réagit elle aussi au quart de tour.

– C'est la plus belle chose qui me soit arrivée. Pour nous tous, ce sera douloureux de quitter une grande famille.

Jessica résume en deux mots son sentiment :

– Des amis et du professionnalisme.

Quant à Carine, elle ne peut être plus claire :

– Une énorme chance à saisir.

Nikos, qui ne se lasse pas du jeu de l'interview, les invite à s'interroger mutuellement. Mario commence par Jessica.

– Si tu devais désigner la gagnante des filles de la Star Academy, qui choisirais-tu ?

– Jenifer sans hésitation ! Elle est très mignonne et sa voix me fait vraiment frissonner. Elle a une sensibilité extraordinaire.

Tant de générosité et de spontanéité touchent profondément Jeni car au château elle a entendu dire qu'elle n'était jamais nominée et toujours mise en avant aux *prime* parce qu'elle était la chouchoute des profs. Et ça, elle n'aimait pas trop. De plus c'était injuste, parce que même si les profs craquent pour les meilleurs élèves, ils ne leur passent rien.

Patrice se tourne alors vers Olivia :

– Si tu perds ce soir, à ton avis, que te manquait-il pour pouvoir gagner ?

– Quelqu'un comme Jeni a plus de chances de gagner. Elle correspond vraiment à ce qu'on attend.

Très émue par cette déclaration, rassurante pour la suite des événements, Jeni répond à Nikos qui veut connaître son propre choix :

– Olivia sans hésitation non plus ! Je pense qu'elle a une très grande personnalité.

Les garçons continuent de cuisiner les filles. Mario branche Jenifer sur un sujet brûlant :

– Si tu devais renoncer à l'un de tes gains, ça serait au million d'euros, à l'enregistrement de l'album ou à la tournée ?

– À l'argent. Je préfère cent fois l'album.

J.-P., qui pour une fois ne rafle pas la vedette pendant un *prime*, se lance à son tour :

– Carine, si tu es la finaliste, avec qui aimerais-tu être en concurrence ?

– Mario.

Les dés sont jetés, les votes terminés. Qui sera la première fille à quitter le château ? Jessica ! Elle a l'air satisfaite et répète que son « meilleur souvenir restera le duo avec Lara Fabian ».

Si Jess s'était préparée à quitter ce conte de fées, son papa ne l'était pas vraiment.

– On n'est jamais préparé à une défaite, mais pour elle la Star Academy a été un tremplin. Et puis ils vont se revoir en tournée.

La deuxième éliminée... est Olivia. Son papa s'exprime avec beaucoup de chaleur.

– La pression était difficile, mais les cours étaient vraiment bons et les appréciations justes. Je sais qu'elle a un trésor artistique en elle et qu'elle ira très loin, même si Olivia a encore un long chemin à parcourir. Elle réalise mon rêve. Elle a réussi bien au-delà de ce que j'avais espéré. Dix fois plus !

Harold intervient maintenant.

– Je suis très content de la retrouver. C'est la fin de quelque chose et le début d'autre chose.

Dès que Carine entonne *Quand on a que l'amour* de Brel, on constate que son père est aussi son premier fan.

– Elle a déchiré tous les *prime time* et tous les artistes l'ont complimentée.

Dans le genre groupie, le père de Jeni n'est pas mal non plus.

– Je suis très fier de ma fille. On a vu son

évolution. Jeni a su profiter de tous les cours prodigués par les professeurs. C'est une enfant qui a toujours été volontaire, elle a une grande faculté d'adaptation et c'est ce que j'aime en elle.

Quand elle chante *Le Temps de l'amour* – de Françoise Hardy – avec Mario, son ami et complice, elle pense probablement à tout cet amour qu'elle a reçu et reçoit encore de ses parents. Qu'elle reste ou qu'elle parte, ce lien très fort l'aidera à tenir et à appréhender la suite.

Pour elle, le plus émouvant, c'est ça : les déclarations des parents. Les familles des élèves ont été drôlement exposées ces dernières semaines. Qu'elles l'aient voulu ou non, elles ont été témoins des chagrins, des peines, des efforts aussi de leur progéniture. Peut-être ont-elles mieux compris les choix de leurs filles et fils en les voyant ce soir trembler comme des feuilles. Ils ne sont pas masos. Ils ne se sont pas inscrits à la Star Academy pour s'exposer aux critiques ou se donner en spectacle, mais pour faire, un jour, *du* spectacle. Ils sont quelques-uns à avoir ça dans le sang. Grégory, Mario et Jenifer, pour ne citer qu'eux, sont capables des plus grands sacrifices pour arriver à leurs fins : chanter.

Lorsque Nikos leur demande de venir le rejoindre pour connaître le verdict, Carine tient la main de Jeni. Ou est-ce le contraire ? À l'annonce de son prénom, Jenifer prête une oreille attentive aux paroles de Nikos qui énonce le chiffre ha-llu-ci-nant de 60 % contre 16 % pour Carine.

Embrassades. Larmes. Ses parents doivent être, eux aussi, dans un drôle d'état.

Carine n'a pas l'air chagriné. Mais ses parents ont du mal à s'exprimer. Son père balbutie quelques mots de remerciements et, trop émue, sa maman ne peut pas parler. Ils sont déçus que leur fille n'ait pas gagné mais restent persuadés qu'elle est lancée. Ils n'ont pas tort. Elle fera son bonhomme de chemin, la Carine. Être repérée et réclamée par Plamondon, ce n'est pas rien.

Jenifer remercie le public qui l'a choisie et a rendu hommage à la Corse qui l'a soutenue avec tant de ferveur. Mais dans un tel moment, on a du mal à dire et à faire ce qu'il faut.

Et puis rien n'est moins facile que de se quitter. Jessica pleure – là, c'était difficile de faire autrement – dans les bras de Mario. Avant qu'elles ne se séparent Jenifer serre Jessica et Olivia (ainsi que ses parents) dans ses bras, mais est à deux doigts de se prendre une gamelle mémorable. On dirait qu'elle ne tient plus sur les jambes, au sens propre du terme. Talons et émotions ne font jamais bon ménage.

Demain, quand elle aura digéré tout ça, elle aura peut-être envie de prendre Kamel entre quatre z'yeux et de lui dire qu'elle n'avait pas spécialement l'air d'un thon dans sa tenue sexy – pantalon blanc et soutien-gorge blanc recouvert d'un filet argenté. Non, mais !

Dimanche 30 décembre 2001

Aujourd'hui, c'est la Saint-Roger. Même si elle n'en parle pas, il y a fort à parier que Jeni pense à son grand-père. Il serait heureux et fier de son parcours.

Encore deux semaines à tenir ! Finalement, le temps a passé vite. Elle n'ose rêver à la victoire car pour elle Carine ou Olivia chez les filles et Mario chez les garçons avaient toutes leurs chances. Mais cette victoire serait son plus beau cadeau pour attaquer la nouvelle année.

Après le *prime*, les perdantes sont sonnées. Carine fait un peu bande à part et ça coince avec les autres filles, persuadées que c'est la fin des haricots. Comme dirait Lelouch, tout ça pour ça ? Erreur. Les profs, très émus de les voir partir, avouent s'être attachés à leurs élèves.

Olivia est un peu perdue. Elle a le blues d'autant plus grave que ceux qu'elle aime ne sont plus près d'elle. Si elle s'écoutait, elle resterait bien enfermée à double tour dans sa loge. Jessica n'est pas au top non plus. On la trouve même carrément effondrée. Plus aucun point de repère. Seule Carine garde le moral et essaie de les rassurer.

Pascal Nègre, le P.-D.G. d'Universal, vient réconforter les perdantes qui, pour lui, n'en sont pas. Il veut qu'elles enregistrent vite une chanson. C'est loin d'être la fin d'une aventure. Peut-être même est-ce le début d'une autre. Florent Pagny lui aussi avait précisé : « Il y a d'autres chemins pour y arriver. »

Y a-t-il une vie après la Star Academy ? Franchement, ils se sont certainement tous posé la question. Sans pouvoir ni savoir y répondre. Parce que c'est l'inconnu. Après la vie de château, ils se voient mal aller au boulot – même s'il est sympa – et faire leur travail comme si rien ne s'était passé. Dans les contes de fées, la bergère ne se fait jamais larguer par le prince et Cendrillon ne retourne jamais à sa cuisine. Une fois chaussée la pantoufle de vair, l'ex-martyre de ses horribles sœurs n'était plus la même. Cependant, dans la vie, c'est tout de même un peu différent. Et ça, ça fait peur à tous les prétendants au titre de star de la chanson.

Pendant des semaines et des semaines, ils ont vécu sur une autre planète. Découvert les émissions en direct avec le cœur qui cogne, et côtoyé des stars comme s'il en pleuvait. Couru d'une séance de maquillage à une séance photo. Les plus grands couturiers, comme Ungaro, ont sollicité Jenifer pour qu'elle porte des toilettes dignes d'une princesse. Ça tombe bien, pour quelqu'un qui vit un conte de fées. La maison de couture Torrente lui a proposé de participer à l'un de ses défilés parce « qu'elle ressemblait à une actrice ». Le rêve de toutes les filles du monde. Jenifer a revêtu une somptueuse robe de mariée. C'était magique même si, de son point de vue, elle s'est un peu fait l'effet d'une meringue. Sans compter les gardes du corps, les fans, les dédicaces, les interviews, les photos...

Franchement, le retour à la case départ va être

hard. Thierry Dionnot, le psy, peut préparer son divan : pour redescendre sur terre, quelques appelés qui n'auront pas été élus vont avoir besoin d'un sérieux coup de main.

Jeni file à la salle d'entretien. Envie et besoin de dire tout haut que c'est dur d'être seule. Elle compte un peu sur les garçons pour lui remonter le moral. Toujours aussi puéril et maladroit, J.-P. confond réconfort et déconnade.

Tout le monde se couche fatigué.

Dimanche matin

Ils ont tous besoin de parler. D'expulser leur stress. Même Patrice. Il appelle sa mère pour savoir ce qu'elle a pensé du *prime*. Il veut aussi savoir si elle a acheté l'album.

Puis quelques auteurs et compositeurs viennent travailler avec eux. À domicile !

Laurent Balandras, directeur artistique chez Universal, prend la parole le premier. Il leur explique son plan : essayer aujourd'hui de faire un titre et ensuite de le maquetter en studio. Mais, pour cela, les artistes doivent se livrer un peu aux auteurs. C'est le moment pour Patrice de confier son vœu le plus cher : devenir auteur-compositeur. Quelle belle aubaine pour lui ! Il apporte les textes qu'il a écrits. Mario également.

Jenifer ressent une certaine fierté à interpréter une chanson que Patrice a écrite pour elle.

Raphie les attend de pied ferme. Comme tous les dimanches. Mais celui-ci est un peu différent.

La prof avoue à Jeni avoir été émue par son interprétation de l'un des titres de Lara Fabian.

– Vocalement, c'est génial. Tu a été la seule à avoir eu le réflexe d'éloigner le micro. C'est très bien.

Si Raphaëlle Ricel se met à lui faire des compliments, cela signifie peut-être qu'elle a ses chances de monter sur la première marche du podium...

C'est bizarre, la vie en communauté. On aurait pu penser qu'ils seraient soulagés d'être moins nombreux. Heureux d'avoir tout cet espace et toute l'attention des profs pour eux, de plus en plus stressés mais de plus en plus motivés. Mais non. Ils se sont regroupés, pour ne pas dire blottis, dans la même chambre. Ils donnent l'image d'un clan qui aurait perdu plusieurs de ses membres. Ils se sentent un peu orphelins de leurs copains. Pour Jenifer, la vie de groupe a été enrichissante.

– Après ce séjour au château, je suis davantage à l'écoute des autres, plus diplomate aussi. Avant la Star Academy, j'étais un peu paumée. Je ne savais pas quoi faire. Cette belle aventure m'a redonné goût à la vie.

Lundi 31 décembre 2001

Les garçons auraient-ils entamé une grève du sport sans prévenir ? Jenifer se retrouve seule dans la salle et Vincent n'a pas l'air d'apprécier ce tête-à-tête imprévu. Son explication ne l'amuse pas du tout : les garçons sont malades et couchés. Il n'y croit pas une seconde. Pour lui, c'est de l'intox. Il l'envoie donc les chercher illico presto, « sinon ça va barder ». Une engueulade un soir de réveillon, quand même... il y va fort, Vincent !

Jenifer rit sous cape car elle imagine déjà les réactions des flemmards. Ils font bel et bien grève. Et le confirment. Elle aussi leur confirme que Vincent est énervé grave. Ils la prennent au sérieux – encore une chance – et acceptent de la suivre dans la salle de sport, leur tasse de café à la main. Vincent ne hurle pas mais précise :

– Demain c'est 9 heures. Un point c'est tout !

Jeni échange quelques banalités avec Vincent à propos de son régime. Il lui rappelle que, pour lui, le plus important c'est qu'elle se sente bien dans sa peau, régime ou pas. Il lui conseille tout de même vingt minutes de footing tous les jours.

Vincent est le plus jeune des profs. Il n'a pas beaucoup de différence d'âge avec ses élèves ; c'est ce qui a gêné certains d'entre eux. J.-P. n'a jamais voulu admettre qu'un type qui était son cadet lui fasse des remontrances. Mais si Vincent n'avait pas fait preuve d'autorité, il n'aurait jamais pu enseigner quoi que ce soit à qui que ce soit. Il s'est montré proche d'eux. Et aujourd'hui plus que jamais.

– Tu sais, Jenifer, tous les profs sont à ta disposition si tu as un problème. Ça ne sera pas facile de rester la seule fille avec les garçons.

Kamel est également aux petits soins pour eux. Sous des allures sévères, il est très sensible. Là, il décide de passer à la vitesse supérieure. Maintenant, il utilise la vidéo pour corriger leurs erreurs. Comme les pros.

On sent bien que Jeni erre comme une âme en peine, en proie à une solitude pesante. Les garçons ne débordent pas de joie non plus. Patrice appelle Olivia car elle lui manque. C'est évident. Olivia est heureuse de l'entendre. Elle vient ce soir au château avec les autres. De son côté, Mario ressent le même vide depuis le départ de Jess. La séparation est dure. Mario s'énerve après ce maudit téléphone. Ils ont été coupés alors qu'ils avaient encore plein de choses à se dire.

Alexia sermonne les garçons :

– Je vous demande de ne pas être des dilettantes. Je veux que vous puisiez dans vos énergies, il y a un enjeu très important et vous êtes tous les trois susceptibles de gagner. Vous allez maintenant être séparés de Jenifer. Les cours seront axés sur vous. Je sais que vous n'avez pas beaucoup dormi ces trois derniers jours, mais il faut vous reprendre en main.

La petite Niçoise va s'emm... s'ennuyer grave, toute seule dans son coin. Elle qui a horreur de rester à ne rien faire, surtout après le rythme plutôt soutenu qui est en vigueur ici...

Heureusement, la prod' ne les a pas laissés en plan pour le réveillon. Ils ont rendez-vous avec les éliminés dans un hôtel parisien pour aller faire la fête tous ensemble.

Tout le monde embrasse tout le monde. Tendrement ou amicalement, selon les liens qui les unissent. Les retrouvailles sont touchantes. Presque exubérantes. On dirait qu'ils ne se sont pas revus depuis des lustres. Olivia s'ennuie ferme des copines et surtout de sa « poupoulinette », c'est-à-dire Jenifer.

Certes, on voudrait bien être devin ou petite souris pour voir si ces débordements d'amour et d'amitié seront encore à l'ordre du jour dans quelques mois... En attendant, arrivés dans la boîte de nuit où ils vont réveillonner, c'est reparti pour une série de questions. Les résolutions pour 2002 ? Voilà qui est d'actualité ! Patrice veut être plus proche de sa famille et faire ce qu'il aime : retourner au théâtre. Jenifer promet de lever le pied sur le grignotage et d'être plus câline avec son frère Jonathan. D'être sage comme une image (c'est peut-être beaucoup mais on peut toujours rêver. Après tout, elle n'a fait que ça pendant trois mois !) et de ne plus mentir à ses parents. Petite, elle avait ce terrible défaut. Elle raconte cet exemple édifiant :

– Je me souviens d'un été en Corse qui a failli être cuisant. Avec une copine, nous avions « emprunté » le scooter de son frère pour aller nous balader en ville, à trente-cinq kilomètres du village, et surtout pour rejoindre des potes au pub du coin. Je n'avais que quatorze ans mais je me considérais comme une grande. J'ai eu très tôt envie d'avoir mon indépendance. Quand nous sommes ressorties, plus de bécane ! J'ai frisé la cata à la maison. Ma copine aussi. J'ai soutenu que le scooter avait dû être volé au village pendant la nuit. J'étais culottée, car je savais bien qu'il ne passait jamais un rat !

Les vœux de Mario ? Continuer à bien s'entendre avec Jessica.

Et comme il se doit, il fallait que J.-P. fasse son numéro. Du dernier chic : il essaiera « de péter et de roter un peu moins et de se remettre en question plus souvent ». Qu'il commence tout de suite, on est preneurs !

En attendant de mettre en pratique leurs bonnes résolutions, les Academyciens s'éclatent et se lâchent un maximum. Ils font bien d'en profiter, d'ailleurs, car les deux semaines à venir vont être plutôt intenses. Ce ne sont plus les élèves de la Star Academy mais une bande de copains en délire en train de s'amuser et de se souhaiter plein de belles choses. De jolis moments, comme dirait Raphie. Un, deux, trois, quatre, cinq... Aux douze coups de minuit, c'est l'explosion ! Des cris de joie et des « bonne année » qui résonnent dans toute la boîte. Qui embrasse qui ? Difficile à suivre. On dirait presque une mêlée de rugby. C'est également l'anniversaire d'Olivia qui voit arriver un somptueux gâteau surmonté de plein de mini-feux d'artifice. Pendant qu'elle tente de souffler les bougies, Jenifer en profite pour savourer une part de gâteau. Parce que demain, c'est le régime jockey !

IV

JANVIER C'EST SHOW !

Mardi 1er janvier 2002

Dur dur, les lendemains de fête ! Il n'est pas loin de midi quand Mario émerge, rejoint par J.-P. peu après. Patrice, encore couché, hurle après la prod' qui diffuse de la musique pour réveiller les lève-tard.

Vincent va encore les trouver mous. Pas étonnant... avec la soirée qu'ils ont passée ! Jenifer est carrément à l'ouest. Elle a mal partout, ayant dansé jusqu'au bout de la nuit. Intraitable, Vincent fait la sourde oreille et les prévient :

– Aujourd'hui, c'est muscu.

J.-P. pousse une gueulante et rappelle qu'il s'est couché à 5 heures du mat', puis se résigne à obéir. De fait, n'a-t-il pas promis de se calmer, pas plus tard que la nuit dernière ?

Vient l'échange des vœux. Mario présente les siens à Mathieu, l'un des répétiteurs. Patrice et Jenifer vont souhaiter bonne année à Armande. Mathieu annonce à Mario qu'il va chanter *Sensa una donna* avec Zucchero, son idole. On ne pouvait pas lui faire de plus beau cadeau.

Pour J.-P. aussi, Mathieu a un cadeau. Il lui propose des essais de voix sur une chanson de Liane Foly. Et là, la réaction de Jean-Pascal est hallucinante. Il entre dans une colère noire.

– Vous vous foutez de ma gueule ! lance-t-il. Je fais un duo quand ?

Mathieu garde son calme.

– Justement, c'était prévu avec Liane Foly.

J.-P. remet ça :

– Oh non, merde ! Cabrel, Obispo... Il n'y a pas d'égalité. Mario va chanter avec l'Italien et moi je veux chanter quelque chose tout seul pour le baiser ! Quelque chose que j'aime.

Mathieu est désorienté. Probablement choqué par tant de grossièreté et un tel manque de respect pour une chanteuse de cette qualité... Mathieu avance le nom d'Axel Bauer. Jean-Pascal s'énerve une nouvelle fois :

– Ils chantent tous des trucs énormes et on me file l'autre, là ! Cette chanson est une merde ! Y a rien d'autre ?

Toujours aussi gracieux. Envolées, les belles promesses !

On n'en revient pas. Refuser de se produire avec Liane Foly, c'est un peu fort de café. Mais pour qui se prend-il ? Là, il passe les bornes. Il va se faire virer à coups de pied dans le derrière.

Du coup Patrice s'énerve également pendant les répétitions de *Lucie*, de Pascal Obispo. Le musicien qui l'accompagne au piano est nul, selon lui. Ont-ils bouffé du lion, les garçons, pour être aussi agressifs ?

Puis Jean-Pascal craque, appelle sa mère et pleure au téléphone. À Raphie, il explique son comportement par la trouille et le réel désir de gagner. Il en a marre.

Il n'est pas le seul. Tout le monde en a jusque-là de J.-P. et de ses états d'âme. Et Jeni, en tête, ne le lui envoie pas dire.

– Tu me déçois, ton comportement envers nous est inadmissible. Tu n'étais pas comme ça ! Qu'est-ce qui t'arrive ? J'ai l'impression que parfois tu n'as pas les pieds sur terre. Cela dit, je sais que tu as bon fond mais là tu es en train de péter un câble. Tu nous mets complètement de côté. Tu es là pour gagner, O.K., si c'est ton point de vue.

– Non, je n'ai pas dit ça. Je voudrais gagner : c'est un objectif. Le pognon, je m'en fous. Ce qui m'intéresse, c'est de dire : « J'ai réussi ! »

Raphie joue les arbitres et se croit obligée de faire de la traduction simultanée. On ne comprend plus J.-P. Ni son langage, ni ses actes.

– Mais tu es déjà gagnant ! Il se passera des choses en sortant pour chacun...

Mario, déçu par son ami, intervient à son tour. Il cherche à comprendre, lui aussi.

– Tu veux gagner parce que tu veux être le gagnant de quelque chose ou parce que tu veux continuer dans cette voie-là ?

– J'ai envie de gagner car ça me plaît à moi d'être gagnant.

Jenifer baisse les bras. Elle s'ennuie et déteste ce climat électrique. Comme on la comprend.

Mercredi 2 janvier 2002

La matinée commence fort. Le réveil n'a pas sonné, et les garçons refusent de faire un footing. Cela dit, la rébellion est légitime : il gèle dehors ! Courageuse et assidue jusqu'au bout, Jenifer y va quand même. Elle lui doit bien ça, à Vincent. Grâce à lui et à ses incontournables abdos, elle va bientôt pouvoir exhiber sa tablette en chocolat : de muscles, pas de cacao !

Pour l'évaluation, elle choisit Céline Dion. Armande trouve que Jenifer a « chanté merveilleusement bien », Raphie note encore un problème de regard et Kamel ne lui en veut pas même si elle a oublié la fin de sa choré. Il l'a à la bonne, le prof de danse.

Bizarrement, Jenifer n'est pas du tout satisfaite. Bien au contraire. Elle s'imagine qu'elle s'est plantée en beauté. À tort. En fait, elle devient beaucoup plus exigeante envers elle-même. À dix jours de la finale, il est légitime de s'affoler, de se juger sévèrement. Plus on approche du but, plus on réalise qu'il reste encore beaucoup de choses à apprendre, à corriger. Elle a beau se sentir de plus en plus à l'aise lors des séances photo et écouter avec attention les précieux conseils du pro qui lui a appris à se lâcher complètement, elle est bien consciente que ce n'est pas uniquement ça qui fera d'elle une vraie artiste.

En dépit de quelques maladresses des uns et des autres, les profs sont contents. Ils ne peuvent pas nier les efforts, parfois surhumains, fournis par leurs élèves. Mario, lui, fait un peu figure d'exception. Sa prestation était impeccable : chant, danse, tout. Les profs, convaincus et impressionnés par son numéro, étaient aux anges. On se met à leur place ; ils ne se sont pas donné du mal pour rien. Pour lui, la finale, c'est dans la poche !

Raphie, Kamel et Armande sont unanimes :

– Après un casting pareil, on prend Mario. Il est fait pour les comédies musicales.

Au Q.G., Mario savoure ces appréciations et ne cache pas son bonheur. Il comprend que le rêve va devenir réalité. Jenifer est heureuse pour lui. Elle a toujours dit qu'il le méritait.

J.-P., en revanche, ne nage pas dans le bonheur. Mais c'est normal. Il se prend de bec avec Mathieu qui lui explique le déroulement du prochain *prime*. Un trio avec Patrice et Mario ne le branche toujours pas. Le contraire aurait été étonnant !

Et le voici qui se met à hurler :

– Un duo, encore, je veux bien, mais un trio ça me fait chier.

C'est malheureux à dire, mais Jean-Pascal fait une crise aiguë de jalousie. Mario était son copain, il devrait se réjouir pour lui.

Et quand Mathieu lui annonce qu'il va chanter un titre d'Axel Bauer, il pète les plombs :

– Super ! Je ne chante pas cette daube ! Je veux bien faire des efforts mais je refuse de chanter ces chansons de merde ! Si samedi je ne chante pas *ma* chanson, je ne m'assois même pas à la finale ! Ras la casquette des conneries.

Et nous, donc... Mais Jean-Pascal n'en démord pas.

– C'est une émission à la con. Nous on crève d'envie de faire des duos, et on se tape des trios.

Résultat, pendant et après le dîner, J.-P. sert à ses copains une vraie soupe à la grimace.

Heureusement, pour échapper à cette ambiance plombée, l'excuse est toute trouvée : l'émission de radio. Mais là encore, pas moyen de changer de disque !

– Jenifer, on a vu que tu as pété un câble et que tu as dit ses quatre vérités à J.-P. Y a-t-il un malaise ? Pourquoi t'es-tu mise en colère dans un moment si inattendu ?

– Oui, il y a un malaise. Il pète un câble, mais c'est compréhensible...

J.-P. a mal interprété ses propos. Mario s'en mêle et s'énerve. Il a l'impression que Jenifer craint les réactions de Jean-Pascal.

Jeni craque complètement. Pourtant il faudrait qu'elle tienne jusqu'au 12. Mais dans cette ambiance pourrie, ce n'est pas de la tarte.

Jeudi 3 janvier 2002

Dernier cours de sport avec Vincent, qui se moque gentiment de la raideur de Patrice. Pauvre Patrice, il en aura vu de toutes les couleurs. On voit bien que c'est la fin de quelque chose. Les dés sont jetés. L'ambiance est plus cool, à la fois gaie et mélancolique. Ça rappelle un peu l'atmosphère des derniers jours d'école. Tout le monde discute, les profs interrogent les élèves sur leurs vacances, leurs projets, et les élèves les imitent.

La journée aurait pu être banale et presque un peu monotone si Mario, toujours très intuitif, n'avait mis la puce à l'oreille des copains. Il est persuadé que quelque chose se trame au château. Il leur en fait part et, du coup, met tous les châtelains à l'affût. Quand la musique des *Dix Commandements* retentit, le groupe hurle de joie à l'unisson. Bravo Mario ! Jeni se précipite dehors avec les autres et aperçoit Raphie qui descend de voiture avec Ahmed, la star des *Dix Commandements*. Ce déjeuner au château est hyper sympa. Patrice est aux anges, car il admire vraiment Ahmed. Il n'y a qu'à voir sa mine béate pour comprendre qu'il en prend plein la vue. Il est incroyable, le nombre des artistes qui se sont déplacés pour venir les voir !

Comme ils n'ont pas beaucoup de contacts avec l'extérieur (ils pourront même se vanter d'avoir été les rois de la livraison à domicile), les élèves le pressent de questions. Mario, qui aime l'harmonie et le calme, en profite pour lui demander si la vie en communauté n'est pas un peu galère, parfois. Pas de langue de bois entre artistes. Le chanteur ne leur cache pas qu'il y a eu des moments où ça s'engueulait grave ; ce qui, selon lui, est tout à fait normal.

Rassurant !

Là-dessus, Alexia reprend un coup de sang. Sa bête noire : Jean-Pascal. On prend les mêmes et on recommence. Au fait : comment a-t-elle pu tenir aussi longtemps ? Elle doit en avoir, des nerfs d'acier, pour supporter un énergumène pareil...

Résultat, une petite mise au point s'impose. Une de plus. Si l'on devait rester encore plusieurs mois dans le château, ce serait plutôt *Petits Meurtres entre amis* !

– J.-P., ça fait deux ou trois jours que ça ne va pas. Mathieu et Florence sont extrêmement choqués par ton comportement. Hier, Mathieu ne savait pas s'il allait continuer avec toi. J'aimerais que tu t'excuses. Ton attitude est irrespectueuse. Vous avez tous la chance d'avoir des artistes qui acceptent de se produire avec vous ; tu peux ne pas aimer ce qu'ils chantent, mais de là à dire que c'est de la merde, c'est de l'impolitesse pure ! De toute façon, Liane Foly ne souhaite pas chanter avec toi. Le refus vient d'elle, rassure-toi. Je ne veux pas que tu critiques ni les profs, ni les artistes. Tu dis souvent que tu as envie de partir ; alors pars ou cesse de le dire. Arrête ton cinéma !

Jean-Pascal s'énerve car il a l'impression de ne pas avancer et de ne pas avoir de bonnes chansons. Il va tout de même s'excuser auprès de Florence et de Mathieu, un peu à contrecœur. Puis il retrouve le sourire quand il apprend qu'il va chanter *Faut que j'travaille* de Princesse Erika. Prémonitoire !

Jenifer pensait-elle pouvoir aller se coucher de bonne humeur ? Rien à faire. Jean-Pascal lui reproche de le juger, de le mettre plus bas que terre. Du coup, elle sort de ses gonds. Il est exaucé : c'est ce qu'il cherche depuis le début.

– Mais comment ça, te mettre plus bas que terre ? Tu es fou, tu t'excites tout seul ! Il ne faut pas me faire dire ce que je n'ai pas dit. Va te faire foutre ! Redescends sur terre et garde la tête sur les épaules...

– Toi, tu l'as peut-être un peu trop en l'air.

– Quoi ? Ta gueule ! Mais tu te prends pour qui ? C'est pas possible d'être con à ce point-là ! Je veux savoir pourquoi tu dis que je te rabaisse plus bas que terre. C'est dégueulasse ! Je n'ai même plus envie de parler avec toi !

Samedi 5 janvier 2002

Avant-dernier *prime*. Comme au Monopoly®, tout le monde veut jouer mais personne n'a envie de repasser par la case départ et encore moins de stagner dans la case prison. Mais pour ça, il n'y a qu'une chose à faire : s'en remettre au destin. Jusqu'ici, cela a plutôt bien réussi à Jenifer.

En attendant, elle va se farcir ses trente minutes de footing. Et avec le sourire, encore. C'est bon pour la forme. Et la forme, il faut qu'elle la garde jusqu'au 12...

Les garçons, eux, en ont vraiment marre du sport. Tenez bon, les mecs, bientôt la quille !

Kamel n'a pas fait les choses à moitié ; il a invité des danseurs. Bonne humeur garantie. Chacun d'entre eux fait équipe avec une danseuse et Jenifer avec un danseur. Or elle assure bien, en danse. Elle est presque aussi douée qu'eux. On voit bien dans l'œil de Kamel qu'il est fier de sa protégée.

Un véritable marathon de répétitions commence. Jenifer suit à la lettre les conseils et directives de Mathieu. Nickel-chrome. Pas de faute à corriger. Et si elle avait ses chances ? Pourquoi pas, seulement il y a Mario. Tout le monde s'accorde à dire qu'il est le favori. On lui trouve zéro défaut. Les profs ne tarissent pas d'éloges à son sujet. Quand il est entré dans l'Academy, il avait déjà l'aisance d'un pro. Il avait fait de la scène, enregistré un disque, et ça se voyait. Alors il se pourrait bien que la première marche du podium soit pour lui.

Mais quoi qu'il arrive Jenifer et Mario resteront proches une fois à l'extérieur. Leur amitié n'est pas feinte et jamais une pointe de jalousie n'est venue la gâcher. Avant d'entrer au château, Jenifer n'avait que quelques copains. Grâce à la Star Academy, elle a un nouvel ami.

Un petit tour dans la salle d'entretien, néanmoins. Le dernier pour elle, probablement. Quand Jeni sera sortie d'ici, il faudra qu'elle trouve un autre défouloir. Les copains aussi, d'ailleurs. C'était pourtant bien pratique que de pouvoir vider son sac à n'importe quel moment... Cela évitait les galères avec les copains. Au moins, là, pas d'embrouilles.

Patrice veut partir. Ça se sent. Déjà, il n'avait pas envie de rester les semaines précédentes. Cela dit, Jeni aimerait rester avec Patrice ou avec

Mario. Avec J.-P., franchement, moins. Vu son humeur en ce moment, elle ne se voit pas le supporter durant toute une semaine. Et il ne viendrait à l'idée de personne de lui jeter la pierre.

Là-dessus, les Academyciens sont un peu étonnés de voir débarquer Mathieu, Vincent, Florence, Armande, Raphie et Kamel. Cours surprise ? Casting de dernière minute ? Avec Alexia et sa bande, ils peuvent s'attendre à n'importe quoi ou presque. Tous les revirements de situation sont permis. Une petite piqûre de rappel pour la finale ? Non, rien de cela. Alors quoi ? Eh bien juste l'envie de trinquer à la santé de la Star Academy.

La barrière tombe. Il n'y a plus les enseignants d'un côté, et de l'autre les élèves. Seulement des jeunes gens et des jeunes femmes qui ont vécu ensemble une expérience unique et magique, bien que parfois difficile.

Ils se sont emmerdés, engueulés, inquiétés, découragés, rebellés, mais aussi amusés, étonnés, surpassés et éclatés. Ils ont vécu des émotions fortes. Ensemble. Qu'ils le veuillent ou non, ils ont formé une espèce de clan, de famille. Ça crée des liens.

Alors, avant de se quitter, chacun a voulu l'exprimer. Florence, qui a tiré des élèves (parfois au péril de ses nerfs) le meilleur d'eux-mêmes, souhaite les voir continuer à prendre des cours. Et Armande n'a qu'un désir :

– Que vous me rendiez fière en continuant à bien travailler et en restant humbles et lucides.

Que vous n'oubliiez jamais ce qui s'est passé. Et nous non plus...

Elle a raison. Rester soi-même, c'est l'essentiel. S'il ne fallait retenir qu'un seul de ses précieux conseils, ce serait celui-là.

Mario est comme Jeni : il réalise parfaitement ce que l'Academy lui a apporté.

– Vous m'avez donné la clé de la porte que je voulais ouvrir depuis très longtemps. J'espère que cette fois est la bonne ! Ici, avec vous, j'ai appris plein de choses, que ce soit humainement ou professionnellement...

Au tour de Patrice d'y aller de son petit compliment. On est tout ouïe, car il n'est pas commun que l'introverti du groupe fasse la grâce d'une déclaration en public.

– Moi, j'ai atterri là un peu par hasard. J'avais mes a priori sur la télé et ceux qui la font. Mais je croyais en cette aventure humaine et j'étais venu pour rencontrer des gens... [*Il détourne un peu la tête, les larmes lui montant aux yeux.*] ... et des bons profs.

Le voici carrément au bord des larmes, la voix chevrotante. Pour un futur chanteur, ça le fait pas !

– ... Y a quelqu'un qui disait : « À quoi sert d'apprendre des choses si ce qu'on sait ne sert à rien ? » Moi, j'espère que ça me servira pour plus tard.

Le résultat est immédiat : tout le monde chiale à gros bouillons. Raphie en tête.

– Je n'aime pas parler, conclut-il, mais je suis super heureux.

Jeni pleure à son tour. On a bonne mine, maintenant, de se moquer de Jess !

Raphie parvient tout de même à surmonter son émotion en faisant une super-déclaration :

– Si la Star Academy a changé votre vie, elle aura changé la mienne. Je suis ravie d'avoir fait d'aussi jolies rencontres.

Au point où l'on en est, Jenifer se lance. Tout en espérant secrètement ne pas craquer.

– Je voulais vous remercier pour... Je ne me sens pas très bien. Je ne me sens ni grosse ni moche. Je voulais juste vous remercier pour votre attention, vous m'avez aidée à me sentir mieux dans ma peau. D'être la finaliste des filles, ce n'est pas un rôle facile à jouer car tout le monde méritait de rester. D'ailleurs, j'ai une très grande pensée pour tous les élèves ; je les embrasse et j'espère les revoir très bientôt.

Même J.-P. s'y met.

– Je tenais à vous remercier, même si – car c'est vrai – je suis un sacré casse-couilles...

Lucide, pour une fois ! C'est bien gentil de remercier les profs, mais il ferait bien de ne pas oublier ses camarades au passage, car il a souvent mis leur constance à rude épreuve.

– ... Vous avez eu énormément de patience pour réussir à me faire aimer ce qui ne m'était, jusqu'ici, jamais venu à l'esprit : chanter. Si la Star Academy devait durer trois mois de plus, je resterais...

Une semaine de plus avec lui ? Grand silence alentour...

– ... Même s'il y a eu des coups de blues, vous êtes comme une deuxième famille et je suis très fier d'avoir été votre élève à tous.

À son âge, faire tout ce cirque...

Premier *prime* de 2002. Nikos souhaite la bonne année au public.

Super-idée que d'avoir demandé à Nicoletta de rejoindre les Academyciens pour chanter le deuxième couplet de *La Musique* avec eux ! Ils lui devaient bien ça, car c'est tout de même elle qui a fait de cette chanson un tube.

Avec seulement trois garçons, une fille et les profs, le plateau télé paraît bien vide tout d'un coup.

Trois mecs pour elle toute seule, c'est top. Un peu comme si Jeni avait hérité de trois grands frères. Elle qui aime bien le cocon familial, elle est gâtée. Ils sont pleins d'affection pour elle.

– Ce que je préfère chez J.-P., c'est son côté enfant et son humour, mais je déteste lorsqu'il rote à table, pète ou se cure le nez. Le petit côté macho de Mario ne me gêne pas ; je sais que c'est une façade. En fait il est timide et a un rire épouvantable. Après tout ce temps passé avec Patrice, je n'ai pas réussi à lui trouver un seul défaut. En plus, il a un regard à tomber grave.

Pendant que Nikos envoie le magnéto sur leurs plus belles prestations en duos (Mario avec Roch Voisine et Julien Clerc, Patrice avec Patricia

Kaas...), Jeni se demande toujours avec qui elle va repartir ce soir.

En attendant, pour les garçons, c'est l'heure des bilans. Nikos interroge Mario sur son plus grand souvenir.

Les duos, justement.

– Ils étaient tous formidables. Et celui de ce soir, avec Zucchero, c'est la cerise sur le gâteau. Deux Italiens ensemble, ça va déménager...

Zucchero félicite Mario. Il a chanté comme un prince.

On revoit les dernières évaluations des garçons : J.-P. qui oublie sa chanson et s'énerve, Patrice pas très juste et Mario impeccable, aussi bien en chant qu'en danse. À la fin, ils reviennent devant le jury pour savoir s'ils sont pris à ce casting fictif. Jeni a connu ça, elle aussi. Elle avait une de ces trouilles !

Tous les profs s'arrachent Mario. On s'en doutait. Mais les jeux ne sont pas encore faits et les évaluations ne déterminent pas le vote du public, même si elles l'influencent.

– Votre meilleur atout pour la victoire ? leur demande Nikos.

Pour Mario, ça ne fait pas un pli. C'est « la sincérité ». Patrice, lui, ne sait pas.

– J'ai déjà gagné en étant arrivé si loin.

Quant à J.-P., il assure ne pas avoir d'atout particulier.

– Je suis moi et on verra ce qui arrivera.

Fataliste ?

La Star Academy les a tous transformés. Nikos envoie le sujet sur Mario. Au début, on fait la connaissance d'un mec gonflé à bloc, bien décidé à aller en finale. Et onze semaines plus tard, il change d'attitude et n'a plus vraiment l'esprit de compétition. Mario explique qu'il a appris à écouter les autres, à être tolérant.

– Quoi qu'il arrive, j'ai gagné beaucoup de choses. J'ai réalisé mon rêve.

La solitude de Mario au château, après le départ de Jessica, lui a pesé. Il confie qu'elle a laissé un grand vide et que c'était très dur.

– C'est une fille authentique qui a libéré beaucoup de choses en moi, et j'espère beaucoup pour notre couple. Jeni, sa « petite sœur », le soupçonne d'avoir un peu perdu la frite à cause de ça.

Le père de Mario est dans le public. Avec son petit accent adorable, il explique avec un rien de poésie l'admiration qu'il a pour son fils.

– Lorsqu'il est sur scène, Mario jette de l'amour.

Nikos voudrait avoir son avis sur son idylle naissante.

– Aimez-vous bien Jessica ?

– Oui, c'est une jolie fille. Je trouve qu'ils vont très bien ensemble, et si Mario trouve son bonheur avec elle, je suis heureux.

Les duos, normalement, sont un moment de plaisir. Mais pour eux, petits débutants, peut-être sont-ils trop chargés en émotion. Ils pleurent tout le temps... de bonheur ! Mario et Jenifer interprètent *Aimer*, une chanson tirée de la comédie musicale *Roméo et Juliette*. Jeni fait concurrence à Jess. Elle fond en larmes et tombe dans les bras de Mario à la fin de leur prestation. Le public ne lui en veut pas. Au contraire : il applaudit debout.

Autre moment fort : leur duo sur *Je te promets*, de Johnny Hallyday. Mario ne se doute pas que c'est en fait Jessica qui va chanter avec lui.

Au moment où il s'avance au milieu du plateau, Jess entre en scène. Il est vert, le Mario. Hyper ému. C'est la première fois qu'il a du mal à chanter, mais il se reprend très vite. Il la mange des yeux. On voit vraiment qu'il tient à elle. Leur numéro est très émouvant. Nicoletta, Alexia et les profs ont les larmes aux yeux. Ce ne sont plus des émissions de télé, mais des concours de larmes. Difficile d'affirmer que ça fait grimper l'audience, mais pour le maquillage ce n'est pas l'idéal.

Les trios ne sont pas mal non plus. Celui d'Ahmed, Mario et Patrice sur *Mon frère*, encore un titre des *Dix Commandements*, est énorme. Mario est particulièrement à l'aise dans ce répertoire, et Patrice d'enfer ce soir. Lui aussi y met toutes ses tripes. Le public se lève. Jenifer applaudit également à tout rompre. Mais elle n'a pas encore bien appris la leçon « maîtrise de ses émotions » et, si ça continue, elle ne va pas tarder à ressembler à un hibou avec son Rimmel qui fout le camp. Espérons qu'Armande, Alexia et Raphie ont utilisé du mascara waterproof.

La maman de Patrice, Nelly, est présente dans le public. Heureusement, elle, au moins, ne pleure pas !

Nikos demande à Patrice si cette distance l'a rapproché de sa mère.

– Oui. Quand on est loin, on a toujours besoin de se sentir rassuré par une maman.

Nelly est tout de même très troublée par les propos de son fils. Nikos se tourne vers elle, mais il faudra attendre un peu car elle a le trac.

– Je suis très fière de mon fils, vraiment... Il est resté lui-même, mis à part qu'il a beaucoup appris. Patrice a pu développer ses qualités artistiques, mais c'est toujours mon garçon.

Un garçon qui écoute aux portes, visiblement. Les caméras de la prod' n'en ont pas perdu une miette, ayant surpris Patrice l'oreille collée aux murs de la salle où se déroulaient toutes les évaluations.

Cependant, Patrice s'en sort comme un prince.

– Les profs n'ont pas toujours le temps de tout dire, alors j'écoute.

Kamel intervient pour faire le point sur le parcours de Patrice qu'il a toujours nominé.

– Ce n'est pas parce que je n'aime pas Patrice ! D'ailleurs ma plus grande satisfaction a été de ne pas le nominer à la dernière évaluation, car il avait fait d'énormes progrès. Il avait même dépassé les autres. Je voulais juste lui dire bravo !

J.-P. fait une gueule d'enfer. Serait-il jaloux de son copain ?

Nikos se tourne vers Jenifer et lui demande si elle se souvient du 25 août 2001. Il en a de bonnes : comment pourrait-elle oublier le jour du casting de la Star Academy ?

En plus, on l'aurait parié, Nikos a quelques images de l'audition en réserve. C'est marrant, les Academyciens ne sont plus tout à fait les mêmes aujourd'hui.

On voit sur grand écran une petite brune boulotte un peu gauche, en jeans large, avec un haut noir à petites bretelles et un bandana noir sur les cheveux. Ce jour-là, elle avait choisi de chanter une chanson de Whitney Houston, *I will always love you*. Hyper stressée et moins juste qu'aujourd'hui. Les profs sont passés par là. Que de progrès accomplis en trois mois !

On se la refait en direct. Avec Mathieu au piano. Rien à voir. Nickel. Tout le monde se lève. Mario sourit, Patrice aussi et même J.-P... Les profs, debout, sont hyper scotchés.

– Qu'est-ce qui a changé pour vous, depuis ce 25 août ?

– J'ai suivi une excellente formation, j'ai obtenu plus de respiration, de justesse sur cette chanson, et j'ai appris à gérer mon émotion.

Encore que. Dans ce domaine aussi, il reste des progrès à faire.

Nikos ne perd pas de vue que, ce soir, c'est la finale des mecs. Il leur demande ce qu'ils comptent faire en sortant.

– Un journal sportif, une terrasse et un demi.

Sacré J.-P. ! Il a le sens de la formule.

Patrice, lui, aspire à rentrer chez lui en Haute-Savoie, et Mario à retrouver sa grand-mère et toute sa famille réunies autour d'une table.

Nikos demande aux garçons ce qui leur donne la foi ce soir.

– Je pense à mon grand-père, répond Mario sans hésiter.

On le savait déjà, Jeni et lui ont aussi cela en commun. Le souvenir d'un grand-père disparu qui restera à jamais gravé dans leur cœur.

Pour leur part, Patrice pense à sa mère (et à tout ce qu'elle a fait pour lui) tandis que J.-P. rend hommage à ses parents.

– Ils m'ont toujours indiqué le chemin à suivre et donné la force. C'est une compétition, il ne faut pas se voiler la face. Je veux aller le plus loin possible. J'aime ce que je fais et je sais maintenant que je veux être chanteur, même si le déclic s'est produit il n'y a pas très longtemps.

Serge, son père, prend d'autant mieux sa défense que les pétages de plombs de la semaine – diffusés le soir de la finale garçons – risquent de faire mauvais genre et de griller Jean-Pascal auprès du public.

– Son comportement s'explique par la fatigue. Il se donne un genre. Quand il dit « Putain ! », ce sont des ponctuations, pas des insultes. Il est impulsif mais pas rancunier. Je le reconnais bien, mon J.-P. !

On dirait un tribunal. Jury. Plaidoirie. Délibérations. Nikos annonce que les jeux sont faits. En attendant de donner le pourcentage, il fait durer le suspense et demande à Armande son avis sur J.-P.

– Il a naturellement une force comique, c'est

un grand clown et il faut qu'il développe sa poésie. Jean-Pascal a fait d'énormes progrès en chant. À une époque, il avait chaussé des bottes de sept lieues et il les a jetées dans un coin pour les rechausser cette semaine seulement. Il a été formidable dans les cours. Je pense qu'il sera un très bel acteur. Quant à la chanson, malgré ses progrès, il n'est pas encore prêt. Il le sait. Jean-Pascal est humble, contrairement aux apparences... C'est un masque. Pour lui, ce soir, ce sera aussi dur d'être gagnant que perdant.

Nikos se tourne alors vers la maman de J.-P.

– À votre avis, pourquoi votre fils mériterait-il de gagner ?

– Il a eu beaucoup de courage. Pourquoi ne le mériterait-il pas ?

Le premier à quitter la Star Academy, Patrice, semble heureux et pas plus surpris que cela. Il prend sa mère dans ses bras. On la sent ravie de retrouver son fils. Lui aussi.

– Je suis très heureux de tout ce que j'ai appris. Je n'ai aucun regret, c'est le jeu.

Raphie est en pleurs. Patrice était son chouchou. Armande avait aussi un faible pour lui. Patrice embrasse tous les profs. Petit pincement au cœur.

Le verdict. Vite. Jenifer voudrait en finir. C'est insupportable, cette attente !

C'est Mario. Avec 43,3 % contre 42,5 % pour J.-P. Jean-Pascal fait la gueule mais embrasse tout de même le gagnant.

Mario a du mal à s'exprimer. Il trouve cependant la force de remercier tout le monde. Ce qui a touché l'assistance, et Jenifer plus que tout autre personne certainement, c'est qu'il a eu une pensée pour son grand-père.

– Il serait fier de moi.

Mario, Nikos et Jenifer sont des Latins. Des gens attachés à leurs racines, aux valeurs familiales. D'ailleurs, en lui disant « Je suis sûr qu'il serait fier de vous, Mario », Nikos avait les yeux drôlement brillants. Qui a dit que les mecs ne savaient pas être sentimentaux ?

Mario et Jenifer repartent donc bras dessus, bras dessous. Deux complices qui vont se serrer les coudes, s'entraider et se soutenir dans cette dernière ligne droite. Elle ne pouvait rêver meilleur compagnon de route.

Dimanche 6 janvier 2002

Ses vœux ont été exaucés. Mario est rentré au château avec elle. Avant qu'ils ne montent dans le bus, la foule les félicite. Jenifer serre son Pikachu très fort, tellement heureuse de l'avoir à ses côtés. Car elle ne peut retenir ses larmes. C'est si dur, de devoir quitter ses amis...

Mario pleure, très ému lui aussi.

En arrivant au château, ils sont attendus et acclamés par des centaines de fans qui les couvrent de compliments et de cadeaux. C'est à la fois féerique et réconfortant. Cela veut dire que les gens les apprécient. C'est important, la reconnaissance, et pas seulement lorsqu'on est artiste.

À 2 h 55, ils peuvent enfin aller se coucher. Il était temps. Comme dans le sketch de Muriel Robin, « ... Moi, à 4 heures du matin, je n'aime personne, je dors. » C'est un peu leur état d'esprit, mais encore faut-il que ce soit possible ! Ils doivent lutter pour assurer une séance photo O-BLI-GA-TOIRE. Ils vont avoir de ces tronches, les deux finalistes !

Dimanche matin

Après six malheureuses heures d'un sommeil probablement agité, les fêtards émergent.

Le silence est presque dérangeant. Le château, sans J.-P., ce n'est plus pareil.

Re-séance photo. Arrivée au studio, déjeuner puis maquillage et habillage. Sans parler du ballet des journalistes qui défilent pour les interviewer. Quand on lit dans les magazines que les top-modèles, chanteuses et actrices se plaignent de leurs emplois du temps chargés, on se dit qu'elles exagèrent un peu. Mais non, c'est vraiment prenant. Ce tourbillon, même s'il est flatteur, représente un vrai marathon. Il avait raison, Vincent. Il faut travailler l'endurance. Les deux rescapés vont désormais comprendre pourquoi les grandes stars passent autant de temps dans les salles de gym.

Vincent Panozzo, l'attaché de presse qui les connaît par cœur, est interrogé sur leur nouveau statut de vedettes hyper sollicitées. Les reporters veulent savoir si Jeni et Mario tiennent le choc.

– Ce sont des professionnels. On se débrouille pour leur caler les interviews pendant le maquillage et les pauses. Ils n'arrêtent pas, mais ça fait désormais partie de leur métier.

En entendant Vincent, ils réalisent que c'est bien d'eux qu'il s'agit. « Professionnels », « interviews », « métier ». La preuve que, maintenant, c'est du sérieux.

Aimer, la chanson de *Roméo et Juliette* chantée en duo avec Mario, a tellement ému Jenifer qu'elle n'a pu s'empêcher de pleurer. Elle a même dû s'arrêter en plein milieu. Là, pour le coup, ce n'était pas très pro, mais Raphie trouve qu'elle s'est très bien rattrapée. Mario a réagi nickel. Comme toujours. La prof a adoré la surprise de dernière minute réservée à Mario : faire venir Jess pour continuer le duo avec lui. Il l'aime très fort. Ça crève les yeux.

Après le dîner, rien de tel qu'un cours de rock acrobatique pour faciliter la digestion. Un couple de danseurs vient leur faire une petite démonstration de mambo. Époustouflant.

Heureusement que la prod' continue à inviter des artistes, car l'ambiance est un peu bizarre. Seule avec Mario, Jenifer donne l'impression d'être un peu désœuvrée et de ne pas savoir quoi faire pour tromper l'ennui. Qu'est-ce qu'elle va bien pouvoir inventer ? Et si elle enlevait les points noirs de Mario ? Elle se jette sur son dos. Avec son consentement, tout de même. On a vu cette scène cent fois. À la plage, les nanas percent tout le temps les boutons de leurs mecs. C'est vraiment un truc de filles !

Les décorations de Noël ayant été enlevées, le château paraît encore plus vide. On dirait qu'il est habité par deux châtelains un peu paumés dans cette immensité.

Une fois couchée, Jeni semble avoir du mal à trouver le sommeil. Alors elle relit quelques lettres de fans. Peut-être pour croire que tout cela est vrai. Qu'elle n'a pas rêvé. L'une d'entre elles a retenu, mot pour mot, les paroles qu'elle a prononcées dans la cuisine le jour où elle mourait d'envie de manger du chocolat. Elle faisait tout pour essayer de se persuader... de craquer pour une pomme. Beaucoup plus raisonnable. Curieux que cela ait marqué cette adolescente. Il faut dire que les régimes et les problèmes de poids, ça concerne presque toutes les filles.

À chaque fois qu'elle a allumé une cigarette, elle a dû avoir une pensée pour Armande et se remémorer ses avertissements. Il faudra songer à arrêter. Elle le lui a promis. Une chanteuse qui se flingue les cordes vocales avant même d'avoir fait carrière, c'est nul.

Lundi 7 janvier 2002

Ce matin, la prod' les a laissé faire une soi-disant grasse matinée. Version Star Academy, car les grasses matinées normales durent en général un peu plus longtemps.

Résultat c'est un peu la course, car il ne leur reste qu'un misérable quart d'heure pour se préparer. Vincent secoue Mario. Au programme : footing. Ayant un point de côté, Mario déclare forfait. Jeni ne se sent pas bien, elle a envie de vomir. Vincent l'engueule. Et elle qui était persuadée que, à ce stade-là, les reproches et les critiques n'étaient plus de mise !

Pour la choré de *Voulez-vous coucher avec moi ?*, Kamel les veut provocants et sexy à souhait. On ne peut pas dire que Jenifer soit hyper à l'aise. Gênée serait plus approprié. Il veut absolument qu'elle se glisse dans la peau d'une cocotte et Mario dans celle d'un mac des années trente. Kamel ne la trouve pas dégourdie ! Il en a de bonnes, Kamel. Ils ont beau progresser de jour en jour, ils n'ont pas encore décroché le premier prix du Conservatoire d'art dramatique !

Au déjeuner, la fatigue leur tombe dessus. Ils sont lessivés. Et piquent du nez dans leur assiette. C'est tout juste s'ils ne ronflent pas sur leurs carottes râpées. Les finalistes sont à deux doigts de demander grâce. Un petit café pour les requinquer ? Alexia passe le boire avec eux et, mine de rien, en profite pour prendre la température et s'inquiéter de leur moral.

– Alors, dans quel état d'esprit êtes-vous ?

– Super zen, ça se passe super bien, nous sommes super contents.

Malgré ces paroles rassurantes, Alexia s'inquiète du climat.

– Ça fait pas trop vie de petit couple ?

Mario trouve ce tête-à-tête avec Jenifer plutôt marrant.

– J'ai l'impression de vivre avec ma petite sœur.

– Et moi avec mon grand frère...

Alexia doit craindre que les deux survivants ne perdent l'enjeu de vue : Mario contre Jenifer et Jenifer contre Mario. Elle leur rappelle, à toutes fins utiles, que c'est une compétition et qu'il leur faut donner le meilleur d'eux-mêmes. Et annonce au passage une grande nouvelle : quatre minutes de téléphone chacun !

On en connaît un qui va pouvoir se jeter sur le combiné pour papoter avec Jess sans être coupé dans son élan. Il a l'air drôlement accro. D'ailleurs, quand Jeni lui a demandé s'il aimait Jessica, il ne lui a pas répondu. Qui ne dit mot consent. Il fait son fier, le Pikachu, mais il est dingue de sa Jessica ! Avouer ses sentiments, c'est toujours difficile et un peu impudique. Surtout que les caméras n'ont pas été débranchées.

D'autres invités ont été conviés au château : le publicitaire Jacques Séguéla et un avocat chargé de leur parler de la protection de l'image. Plus tard, Laurent Balandras, accompagné d'auteurs-compositeurs, viendra proposer de nouvelles chansons à Jenifer. La jeune interprète est traitée comme une pro et, en plus, on la met à l'aise. Elle a parfaitement le droit de dire qu'elle ne « sent » pas tel ou tel genre de texte. On l'invite même à mettre sa touche perso. Du sur-mesure. Pour elle, Jenifer ! Après, on peut toujours s'étonner que les stars fassent des caprices...

Elle découvre la chanson et la chante immédiatement pour placer sa voix. Des réflexes de pro. Elle est rythmée, contrairement à celle de Mario qui ressemble davantage à une ballade. Ça lui va comme un gant.

Armande et Mario se remémorent la soirée du *prime*. Elle trouve qu'il a chanté super bien et qu'il a tenu le choc malgré les émotions. Analyse positive. Mario a tout d'un artiste.

Jenifer a-t-elle les nerfs qui lâchent ? En tout cas, elle paraît déconcentrée. De toute façon, c'est son point faible depuis le départ. Elle n'arrête pas de ricaner pendant les répet'. Hyper dissipée, comme une gamine sur les bancs de l'école, elle chahute avec Florence. C'est bien gentil, de décompresser, mais point trop n'en faut.

Toujours dans la série « livraison à domicile », Alex vient animer son émission de radio en direct du château. Les questions des auditeurs ne sont plus axées sur les rapports des couples, mais sur la compétition. Il faut bien avouer que le sujet est à l'ordre du jour.

– J'ai remarqué que vous étiez très proches, tous les deux, mais honnêtement c'est un peu une façade. Vous savez très bien qu'il n'y aura qu'un gagnant au bout du compte.

Mario prend immédiatement la parole.

– Depuis le début, Jeni et moi sommes complices. J'ai toujours dit que je la considérais comme ma petite sœur ; je ne vois pas pourquoi ça changerait maintenant. Je me sens très proche d'elle parce qu'elle a reçu la même éducation que moi. Il y a un mot que nous avons rayé de notre vocabulaire, c'est « compétition ». Pour nous, on a gagné tous les deux. Si j'étais resté avec une autre candidate il y aurait peut-être eu de la compétition, mais pas avec Jenifer.

Un autre auditeur s'adresse à Mario et se présente comme l'ex de Jessica. Silence à couper au couteau.

– J'ai trouvé que tu t'étais comporté moyennement bien avec elle et je pense qu'il va falloir qu'on règle ça quand tu sortiras du château.

Jeni est pliée en quatre. Mario rit jaune.

Les autres avouent, morts de rire :

– C'est une blague !

Mario reconnaît la voix du coupable.

– Mais c'est Vincent ! Vous êtes cons ! C'est pas possible !

Jessica, au côté de Vincent, les salue amicalement. Elle parlera à Mario plus tard, quand ils auront un peu plus d'intimité.

– Jeni, depuis que tu as gagné la finale des filles, je trouve que tu te prends un peu trop la tête, que tu t'y crois un peu trop. Ce que tu as, tu le dois à la production, pour l'instant, ce n'est pas ta vie à toi. Tu l'auras peut-être en sortant, mais je trouve que tu as carrément changé. Franchement, je t'aimais bien au début, mais là tu t'y crois trop.

– Ça me fait de la peine que tu me dises ça, je me la pète de quoi ?

Jeni tombe de haut. Ça lui fait hyper mal

d'entendre des choses blessantes qu'elle ne pense pas mériter. Mais l'auditrice ne la lâche pas.

– Tu te prends pour Britney Spears et tu n'as pas les pieds sur terre.

– Si, justement, j'ai les pieds sur terre et la tête sur les épaules. Je ne vois pas du tout ce que tu veux dire. Franchement, je ne sais pas trop quoi te répondre car ce que tu me dis m'étonne beaucoup. Je suis toujours la même, toujours aussi petite et potelée. Et je te garantis que je ne me prends pas du tout pour une star.

Et elle qui croyait ne plus avoir besoin de mettre les pieds dans la salle d'entretien, elle y va, et d'un bon pas encore ! Si elle doit éclater en sanglots, autant que ce soit là. Après tout, c'est fait pour ça.

– Je manquais complètement d'assurance quand je suis arrivée. J'ai su reprendre confiance en moi. Entendre des choses pareilles me fait vraiment de la peine. On ne peut pas être appréciée par tout le monde ! Tant pis, moi je suis bien dans ma peau, je suis bien comme ça. Mais ça m'a sciée.

Il faudra bien qu'elle s'habitue et s'endurcisse. Des coups bas, il y en aura d'autres. Armande n'a probablement pas été la seule à la mettre en garde ; elle va évoluer dans un milieu de requins. Susciter la jalousie et se prendre des méchancetés dans les dents, c'est le lot de toute personne célèbre.

Mardi 8 janvier 2002

Aujourd'hui, Jenifer et Mario ont révisé leur Olympia. Serge Lama avait raison. C'est magique et terrorisant. Ils n'ont pas fait le tour du pâté de maisons plusieurs fois, comme lui, mais ils en ont pris plein les mirettes.

Une fois arrivés boulevard des Capucines, ils se sont littéralement plantés devant le théâtre. Sans pouvoir détacher tout de suite leur regard de l'enseigne lumineuse. Impossible de s'imaginer que bientôt la Star Academy figurera en lettres rouges sur le fronton ! Nikos les y attend. Lui aussi, il tient à être de la partie. Les voilà fin prêts pour une visite de l'Olympia, guidée par Brigitte Abraham, la directrice de salle.

Jeni s'assied dans la loge et confie qu'elle « sent les vibrations des artistes ». C'est un endroit qui a une âme.

Quand elle monte sur scène, elle laisse échapper un cri. De joie et d'horreur aussi. Elle, la petite Niçoise, va se retrouver ici dans deux mois et demi. C'est surréaliste. Il y a de quoi prendre ses jambes à son coup. Heureusement qu'il y aura les copains. Seule, elle n'aurait ni la force ni le culot. Mario a la même réaction. Cette scène représente le talent et la gloire des plus grands noms de la chanson française et internationale. Il cite immédiatement Brel et Bécaud. Quand on pense que les élèves de l'Academy vont succéder à de telles « pointures », y a comme un blème. Est-ce qu'ils méritent tout ça ? C'est énorme, ce qui leur arrive.

Du coup, Jenifer se met à chanter *Je ne regrette rien*. Probablement par admiration pour Piaf qui a soulevé les foules dans ce même théâtre. Et peut-être aussi pour dire que même si elle n'emporte pas la finale, elle ne regrette pas d'avoir joué le jeu à fond.

Histoire de se familiariser avec les lieux, de prendre possession de la scène mythique, elle s'allonge sur le sol. C'est presque un contact charnel. Raphie serait comblée de voir l'élève dépasser le maître. Les artistes confirmés disent toujours qu'ils voient parfaitement les dix premiers rangs. Pour l'instant Jenifer, artiste pas encore confirmée, ne voit qu'un grand vide face à elle et cela lui fiche une trouille grave.

Mario a déjà repéré les affiches de la Star Academy dans l'entrée du music-hall. C'est un truc de fou, que de venir chanter ici !

Finalement, les conneries et les sautes d'humeur de J.-P. leur manqueraient presque. Ils ne sont pas rancuniers. Alors, pour faire passer le temps, le téléphone est une bonne solution. Jenifer appelle sa maman, qui lui conseille de ne pas se laisser abattre par les propos blessants de l'auditrice qui la trouvait prétentieuse. Mario appelle Jess. C'est une histoire qui roule. Mario la kieffe grave et elle aussi. Tout baigne.

Pendant que Mario enregistre une maquette avec l'équipe d'auteurs-compositeurs, c'est au tour de Jeni d'enregistrer sa chanson, beaucoup plus entraînante. Armande avait bien insisté sur le soin qu'il fallait mettre dans le choix des chansons,

« car la première étiquette qu'on va vous coller sera la dernière ». Message reçu.

Jenifer erre comme une fille un peu perdue. Réfugiée dans la salle de sport, elle chante et danse seule pour se détendre, passer le temps. Et si elle se faisait un petit bol de corn-flakes ? Ça, au moins, elle y a droit !

À part le téléphone, il y a la salle d'entretien. Ils en usent et abusent. Mario pour dire que ce séjour au château aura changé sa vie, même au point de vue sentimental, et elle pour exprimer son attachement aux autres élèves, aux moments vécus ensemble. Ça leur fait déjà de doux souvenirs.

Jeudi 10 janvier 2002

Il est intraitable, Vincent ! Les deux finalistes déboulent dans la salle de sport en chantant *Joyeux anniversaire* pour célébrer les vingt et un ans de leur prof. Au lieu d'être attendri par leur démarche, il se plaint de leur paresse. Ce mec-là ne leur laissera donc aucun répit. En attendant de lui offrir un vrai cadeau, acheté à l'extérieur dans une vraie boutique, Jeni lui donne une babiole, un petit gadget sauteur en forme de poitrine. Il est touché par le geste, mais ne se laisse pas acheter pour autant ! Vincent bassine ses deux élèves avec les efforts que, selon lui, ils ne fournissent plus. Il est mignon, mais il ne semble pas réaliser que les deux candidats, pressés comme des citrons, sont sur les rotules. Tant nerveusement que physiquement. Dans quarante-huit heures, ils joueront leur va-tout. Les efforts, ils les ont fournis pendant les – presque – trois mois qui ont précédé cette date fatidique. À J-2, qu'il leur lâche un peu les baskets !

Pas question d'être condamnés au sport toute la journée. Jacques Séguéla a mieux à leur proposer : un cours de communication. Déjà, hier, les anciens sont venus au château pour assurer une séance de dédicaces. Vincent Panozzo les informe de leur impact médiatique, épaisse revue de presse à l'appui. C'est hallucinant. Qui aurait pu imaginer qu'autant d'articles seraient publiés sur la Star Academy ? On comprend la nécessité d'aborder le sujet avec la complicité d'un pro.

Le discours de Séguéla est net et précis.

– Les médias ne s'apprennent pas, ils s'apprivoisent. Profitez donc de ces deux derniers jours pour devenir amis avec la caméra. Lorsque vous arrivez sur un plateau, repérez-la tout de suite.

Jenifer écoute attentivement, car elle pige tout de suite que ses conseils vont être précieux, surtout pour samedi soir... Elle a tant de détails à surveiller : la voix pour Armande, le regard pour Raphie, le sourire pour Kamel, l'attitude pour Séguéla, et elle en oublie certainement. Dans de telles conditions, comment garantir un sans-faute ?

Pendant que Séguéla fait son speech, Mario et Jenifer sont à cent lieues de se douter qu'ils sont filmés. C'est comme dans *Surprise sur prise* : « Coucou, vous avez été filmés à votre insu ! » Ils visionnent la cassette ensemble pour repérer les défauts et les maladresses. Aïe. L'attitude de Jenifer est très mauvaise, elle est avachie sur sa chaise et s'endort. À la vue de ces images, elle est hyper gênée et réalise combien son comportement est irrespectueux pour ce prof d'un jour. Et quel prof !

Séguéla n'est pas rancunier.

– Votre beauté et votre charme naturel m'ont absorbé et je me suis concentré là-dessus.

Au tour de Mario.

– À un moment vous vous grattez le nez, signe de stress, mais c'est intéressant car, lorsque vous parlez, vous accompagnez votre discours d'un geste, donc c'est très bon.

Au lycée, tout ce qui ressemblait de près ou de loin aux contrôles et devoirs sur table était détesté. Séguéla leur fait pourtant le coup de l'interro surprise. Il piège sa charmante élève avec une question à laquelle elle ne sait pas répondre. C'était le but du jeu.

– Quand vous ne savez pas répondre, vous tirez la langue. Il faut éviter.

Décidément, Mario a une longueur d'avance sur sa rivale. Séguéla a constaté qu'il savait utiliser le silence à bon escient et l'en félicite, car ses réponses sont pertinentes.

En conclusion, Jenifer « passe très bien à la télé ». Ça tombe bien, elle y est toutes les semaines depuis près de trois mois et compte bien continuer. Pour Mario « le fond est très bon, il faut revoir la forme ».

La prod' a dû réaliser que le duo n'avait plus trop l'occasion de déconner. Il faut dire qu'à deux, c'est limité. Et le rigolo de service n'étant plus dans les murs... D'un côté c'est reposant mais de l'autre un peu tristounet, il faut bien l'avouer.

Pour remédier à la morosité qui risque de s'installer, Freddo – le chef de projet – et Mario préparent ensemble une blague pour J.-P.

Mario est chargé de surprendre J.-P. pendant une émission de radio. Il se fait passer pour un auditeur et lui demande pourquoi il s'est montré particulièrement agressif envers Mario. Et de lui rappeler ses élégantes paroles : il avait dit qu'il voulait « baiser Mario ».

À ce moment-là, Mario pénètre dans le studio de radio. J.-P. n'a pas le temps de répondre. Il n'a pas marché, il a couru ! Ils s'embrassent. Jean-Pascal présente ses excuses à Mario. Les voilà réconciliés. Amis comme avant. Eux aussi, c'est *Je t'aime, moi non plus*.

L'émission continue et les auditeurs – les vrais – posent leurs questions. L'un d'entre eux semble affecté par les propos insultants que Jean-Pascal a tenus sur les gays. Il veut savoir ce qu'il en pense vraiment. Avec lui, on ne sait jamais si c'est du lard ou du cochon. J.-P. explique qu'il n'est pas du tout homophobe. Il a des potes gays et se rend à leurs soirées sans problèmes. Mais avoir traité Kamel de pédé, même indirectement, n'a pas plu à tout le monde. Ça se comprend. Mario est heureux d'avoir retrouvé un J.-P. détendu et cool. Pour combien de temps ?

Max Guazzini, le président du directoire de N.R.J., pense que « J.-P. a une très forte personnalité, très intéressante, et qu'il a une place dans la chanson ». En tout cas, l'auditeur qui a interrogé J.-P. a très bien fait. Parfois, ses plaisanteries sont lourdingues et peuvent blesser des gens. Le malentendu est dissipé et c'est mieux comme ça.

Telle une princesse délaissée par ses sujets et son prince, Jenifer serait morte d'ennui dans son château si sa meilleure amie, Clémence, ne lui avait rendu une visite surprise. En sa présence, elle répond au courrier des fans. Elle va voir qu'on ne chôme pas à l'Academy. Et voilà que J.-P. revient sur le tapis !

– Jenifer, as-tu été vraiment amoureuse de J.-P. ?

– Oui, J.-P. reste quelqu'un à qui je tiens énormément. Maintenant, c'est plus de la complicité.

Lettre suivante : Fabien, un adorable petit garçon, lui fait une super déclaration : « Je t'adore et je voterai pour toi mille fois s'il le faut. »

C'est touchant qu'un petit bout de chou envoie ce genre de message à une jeune fille qu'il n'a jamais vue « pour de vrai ». À fondre sur place. Si ça pouvait être vrai... C'est tellement craquant que Clémence se met à pleurer !

Après son départ, Jenifer se retrouve seule et réalise que, ce soir, elle passe son avant-dernière nuit au château.

Vendredi 11 janvier 2002

Jess aurait été dans son élément au château. Aujourd'hui, tout le monde a versé une larme. Forcément, là, c'est la der des der. Derniers cours, derniers repas, dernier jour. C'est toujours triste de mettre le mot fin sur une belle histoire.

Pour leur tout dernier cours de danse, Kamel leur a pris la main en leur disant : « Bravo Jeni, tu étais déjà très douée et tu as été loin. Et toi, Mario, tu as bossé comme un malade. »

Jeni est au bord des larmes. C'est le moment de redire à Kamel qu'elle l'adore et qu'il va lui manquer. Mais il le sait. À la fin du cours, échange de bisous. Kamel est très ému. Et s'éclipse rapidement, car lui aussi a la larme à l'œil.

Nikos vient prendre le dernier déjeuner au château avec les deux finalistes. Que de chemin parcouru depuis le jour de leur arrivée ! Il est bien placé pour avoir suivi, jour après jour, leur fantastique évolution.

– Tu te souviens, Mario, tu étais le *latin lover*. Tu t'es beaucoup épanoui. Et, toi, Jeni, tu étais un bébé. Ce n'est plus vraiment le cas, maintenant.

Ils trinquent – on va finir par croire que ce sont de vrais alcoolos ! – à la Star Academy et à tous ceux qui ont fait cette émission. Nikos prend congé juste après le déjeuner. Jeni le regarde partir avec nostalgie.

– Je l'aime grave, ce mec ! Il est vraiment trop humain, trop gentil.

Dernières répétitions avec Florence. La pauvre !

On ne peut pas dire que la concentration de Jeni soit au top. Elle-même perd son sérieux. Jenifer parvient tout de même à chanter *S'il suffisait d'aimer*. Et plus que correctement. La preuve, Florence a du mal à contenir ses larmes.

Puis elle file répéter avec Mathieu qui lui donne ses derniers conseils : penser à la respiration ! Il lui offre une rose. À l'instar de Kamel tout à l'heure, elle file en vitesse, de peur de craquer. Mathieu n'a pas l'air plus fringant. La séparation semble pénible pour tout le monde.

Armande est extrêmement émue. Elle fait signe à la benjamine de ses élèves d'approcher. Elle s'élance du fond de la pièce pour se jeter dans ses bras. Rebelote. La prod', qui prévoit tout, a sûrement une réserve de Kleenex en stock. Mario les rejoint et les enlace. Tous les trois, ils forment une mini-mêlée tendrement soudée. On dirait une scène tirée d'un film de Lelouch.

Armande ne triche pas avec ses émotions. « Que c'est dur ! » Et quand la musique s'arrête, elle leur fait une déclaration touchante.

– Je n'oublierai jamais les visages, tout ce qui s'est passé ici ; les choses sont irréversibles, je les garderai au fond de moi.

Mario a l'air abattu en regardant la prof de chant ranger ses affaires. Elle a beau lui promettre qu'il sera un grand chanteur, il ne retrouve pas son légendaire sourire.

Pour rendre l'atmosphère moins pesante et moins triste, Stéphanie, qui fait partie de l'équipe technique, a une super idée : faire visiter les coulisses du château aux Academyciens. La régie et les infrastructures se trouvent dans les sous-sols de la bâtisse. Impressionnant. Ils vont enfin voir l'endroit secret d'où partaient les annonces faites au micro, par exemple les convocations chez Alexia. Et aussi ce qui se cache derrière les miroirs du château. Ils n'en croient pas leurs yeux. Bonjour l'organisation ! Une vraie usine. La prod' a déployé des moyens pas possibles.

Dernier dîner. Quelques bulles de champagne symbolique. Ultime coup de fil pour Mario qui fait sa déclaration à Jessica et lui dit qu'il l'aime. Jenifer ne cache pas sa joie de les voir si heureux. Ça se voit comme le nez au milieu de la figure. Ils ont le blues grave et les boules pour demain.

Qui va l'emporter ? Le Pikachu crooner à l'italienne, ou la belle Niçoise vendeuse de beignets ? On le leur souhaite à tous les deux, mais il ne doit en rester qu'un. On sait ce que cela représente pour Mario. Il a abandonné le bahut à dix-sept ans pour suivre des études artistiques. Cours de chant, de diction, enfin tout ce qui sert à construire une carrière de chanteur. Pour elle, c'est un peu différent. Elle aussi voulait devenir chanteuse, mais faute de moyens elle a dû changer son fusil d'épaule. Personne ne peut attendre indéfiniment que la chance tourne. Comme Mario, elle a abandonné le lycée où, elle ne s'en est pas cachée, elle n'en fichait pas lourd ; à tel point qu'elle a redoublé sa seconde. Les profs du lycée Guillaume-Apollinaire n'ont pas dû en revenir s'ils ont vue leur « mauvais sujet » à la télé : Jenifer travailleuse, Jenifer assidue, Jenifer appliquée. Bref, tout l'inverse de la gamine qu'ils ont connue et qui, par-dessus le marché, séchait les cours allégrement ! Pas franchement branchée études, pas plus douée que ça et très très peu motivée. Comme quoi il ne faut jamais désespérer. Jenifer va, sans en être consciente, rassurer des milliers de parents qui désespèrent de voir leurs gamins se mettre un jour au boulot. Tout peut basculer. Il suffit d'en avoir l'envie et l'opportunité. C'est d'ailleurs ce qu'elle répond aux ados qui lui envoient des lettres touchantes dans lesquelles ils demandent conseil pour devenir artistes. Jeni les encourage à ne pas lâcher l'école, sans faire une croix sur leurs rêves. Ils finissent parfois par se réaliser. La preuve !

Samedi 12 janvier 2002, tôt le matin

Pas question de grasse matinée. Elle est bien trop énervée. Comme elle l'a attendue, cette soirée ! Elle en a souvent rêvé, l'a désirée de toutes ses forces, redoutée aussi. Mais aujourd'hui, bonjour l'angoisse. Rien de tel pour vous couper l'appétit !

Ce soir, dernier *prime*. Dernière apparition devant des millions de téléspectateurs. Derniers applaudissements. Derniers autographes. Derniers flashs des photographes. Dernière chance. Ce qu'ils viennent de vivre ne se reproduira pas. C'était une expérience unique, un peu comme gagner au Loto.

Ça n'arrive qu'une fois. Et encore ! Donc, c'est ce soir ou jamais !

Mario fait preuve d'un calme olympien. Jenifer semble stressée. Ce n'est pas le verdict du public qui lui fait peur, mais plutôt sa sortie du château. Ça va lui faire tout bizarre de retrouver sa vie d'avant. Comme elle n'était pas géniale, elle n'est pas pressée d'y retourner. Au château, elle a vécu des moments intenses, surtout la dernière semaine, en partie grâce à Mario. Avec lui à ses côtés, elle se sentait forte, protégée. En confiance. Avant de le rencontrer, elle se disait persuadée que l'amitié entre les hommes et les femmes, c'était mission impossible. Elle a d'ailleurs confié que toutes ses histoires d'amitié avec des mecs se transformaient inévitablement en relations amoureuses. Avec Mario, c'est différent. Unique. Donc précieux.

– Il est plus qu'un ami, un amour fraternel.

On imagine que les cancans vont aller bon train ; on les a vus hyper complices, se lancer des clins d'œil et faire des câlins. Mais ça s'arrête là. Avec la franchise qui la caractérise, Jenifer a mis les points sur les « i ».

– Apercevoir le torse ou les fesses de mon grand frère ne me fait aucun effet.

Il n'y a qu'à regarder la séquence où Mario et elle chantent le tube de Lady Marmelade *Voulez-vous coucher avec moi ?* Kamel n'arrêtait pas de les inciter à être sex à mort, ils étaient hyper gênés. Ils ont eu beau y mettre tout leur cœur, ils n'étaient pas trop crédibles !

Tout à l'heure, Jeni et Mario vont abattre leur dernière carte. Concentration maximale. Pour Jenifer, ce n'est plus le moment de repenser à l'auditrice pas très sympa qui lui avait balancé quelques méchancetés sur son attitude prétentieuse. La blessure ressentie sur l'instant a dû s'estomper. De toute façon, Jenifer ne peut pas reprocher cet excès de franchise. Elle sait bien qu'elle ne peut pas plaire à tout le monde. Elle a bien raison de zapper les critiques. Comme elle dit :

– Je vis un « kieffe », et c'est tout ce qui compte.

20 h 55

Le public applaudit à tout rompre.

Tout le monde est en place. Animateur, élèves, profs, techniciens, public. Tous beaux, morts de trouille, émus. Rappel des numéros de téléphone pour séparer Mario et Jenifer. Mais au fond d'eux, il n'y a aucun malaise. Ils sont unis et considèrent qu'ils ont déjà gagné tous les deux.

Nikos annonce que leurs quatorze acolytes vont les rejoindre. Ils se voyaient mal chanter *La Musique* en duo, sans eux. Ils arrivent par la grande porte et descendent le fameux escalier du plateau. Majestueux. Ils sont tous là, Grégory, Sidonie, Khalifa, Catherine, Stéphane, Cécile, Patrice, Jessica, François, Olivia, Jean-Pascal, Amandine, Djalil, Carine.

Ça fait un drôle d'effet de revoir la bande au complet.

Ils sont arrivés ensemble et repartiront ensemble. Alors la boucle sera bouclée.

Jusqu'au bout les profs, impitoyables, leur ont fait subir l'épreuve des évaluations. Nikos a prévu un petit magnéto pour ceux qui auraient zappé les exercices en solo de la semaine.

Pendant ce temps-là, les apprentis artistes filent dans les loges pour se refaire une beauté et changer de look.

Ils commencent à avoir l'habitude des habillages rapides. Pour la chanson de Lady Marmelade, il faut des fringues sex ! Mario est hyper classe en costume noir et chemise blanche. L'habilleuse passe à Jenifer un corset blanc, un soutien-gorge noir et une longue jupe noire fendue. Tout est nickel, mis à part ce satané soutien-gorge qui ne tenait pas en place. Peu de gens se sont aperçus qu'elle a passé la moitié de la chanson à le réajuster. C'était un peu galère, mais ça ne l'a pas empêchée de se donner à fond dans la danse. D'ailleurs Kamel n'a fait aucun commentaire sur la bretelle récalcitrante. Il les a félicités pour leur numéro, même s'il n'était pas aussi « chaud » qu'il l'aurait souhaité !

– C'était génial. Top ! Je les prends tout de suite, ces deux-là ! s'est-il exclamé.

Que Jess ne s'en fasse pas ! Elle n'a pas dû voir d'un bon œil la mise en scène du prof de danse. Un peu *hard* à son goût. En fait Mario, que tout le monde prend pour un tombeur de première, était mal à l'aise dans ce rôle que lui faisait jouer Kamel. C'est un bon chanteur, mais pas un bon comédien. Tétanisé par le trac, il se sentait même un peu ridicule et Jenifer avait contre elle un partenaire aussi souple et sensuel qu'une fourchette.

Pas de panique pour Jess, dehors il ne se passera rien non plus. « Dehors », ce mot revient tout le temps. La sortie, c'est vraiment un sujet qui les turlupine. Ils éprouvent beaucoup de peine à s'en aller. Mais la curiosité l'emporte sur la peur. Et surtout la joie de retrouver parents et amis ! Jeni vit au sein d'une famille très unie et, malgré ses dix-neuf ans, est restée très proche de ses parents. Cependant, ils ne sont pas toujours derrière elle. Et sa mère souhaite rester un peu à l'écart. Elle est venue, de temps à autre, assister à quelques émissions pour encourager sa fille, mais n'a pas été tout le temps dans ses jambes. Loin de là. D'ailleurs Jeni n'aurait pas aimé ça. C'est une jeune fille plutôt indépendante.

L'appréhension ressentie, surtout les derniers jours, s'est un peu estompée. Il faut dire qu'ils ne sont pas restés cloîtrés vingt-quatre heures sur vingt-quatre non plus. Le fait de sortir, de travailler et de rencontrer des tas de gens à l'extérieur les a bien préparés à leur nouvelle vie.

Dehors depuis une semaine, J.-P. n'a pas l'air malheureux du tout. Au contraire. À l'entendre, il croule sous les propositions. Et se plaint de ne plus avoir le temps de dormir.

Si les élèves ont été soumis à un drôle de stress

ces temps derniers, leurs parents n'ont pas dû beaucoup fermer l'œil non plus. Ils ont suivi l'aventure de très près. Pendant que Mario et Jenifer erraient un peu comme des âmes en peine au château, la prod' est allée interviewer leurs proches.

Direction la Belgique, où la famille de Mario s'est installée. Inutile de préciser qu'elle le soutient à 200 %. Avantage considérable sur Jenifer : là-bas, il a déjà ses fans de sept à soixante-dix-sept ans. Mais ses plus ferventes admiratrices sont ses cousines Josée et Concetta, et surtout Lorenza, sa grand-mère. Son père, Giuseppe, appelé aussi Pino, est très actif. Il a déjà prévu des cars pour emmener les groupies de son fils à l'Olympia. Il a du mal à contenir son émotion.

Nikos a remarqué qu'il avait emporté avec lui le C.D. *Mal de toi* que Mario avait enregistré, il y a quelques années, sous le pseudonyme de Ricky Florian. Un porte-bonheur dont il ne se sépare jamais.

En fait, à quatorze ans Mario avait pu graver ce disque grâce à son père. Malheureusement celui-ci était restaurateur, pas producteur de disques. Résultat, ils ont galéré grave. Comme le disait Séguéla, la communication est un métier, le show-biz également. Et ni l'un ni l'autre ne s'improvisent. Mais aujourd'hui Mario et son père sont récompensés de leurs efforts. C'est leur seconde chance à tous les deux.

Au tour de Jenifer de voir comment ses parents, pas du tout habitués à être interviewés, vont s'en sortir. Dommage qu'ils ne fassent pas de politique, car depuis près de trois mois ils sont littéralement partis en campagne. Ils rendent visitent aux amis et commerçants pour réunir le nombre de voix nécessaire à la victoire de leur fille, à l'élection de la gagnante de la Star Academy. Sa mère, qui travaille dans un magasin de vêtements, reçoit les encouragements des vendeuses, des clientes, des gens du quartier.

Le reportage s'interrompt à un moment où Jenifer, qui s'est prise au jeu de la téléspectatrice, ne s'y attendait pas du tout. Ça l'arrange moyen, car les larmes qu'elle tente de refouler sont en train de ruiner son maquillage. Compréhensif, Nikos enchaîne et se tourne vers son père. Mais lui est tout aussi ému que sa fille, si ce n'est plus.

– N'est-ce pas trop de pression pour une jeune femme de dix-neuf ans ?

– Ma fille n'a que dix-neuf ans, mais elle a les pieds sur terre et la tête sur les épaules. Elle est bien partie. On m'a vu pleurer à un moment car j'étais très ému que les profs, à la fin de cette dernière semaine, reconnaissent vraiment le travail de Jenifer.

– Et vous, madame, êtes-vous fière de votre fille ?

– Je suis très fière du parcours qu'elle a effectué au sein de la Star Academy, mais, à mon avis, ils ont tous fait un super-parcours, car ils ont eu la chance d'être entourés de professeurs hautement qualifiés et de toute une équipe qu'on ne voit pas.

Comme les grandes stars, chacun a le privilège

de revoir ses plus beaux duos. Olivia avec Andrea Boccelli, et aussi Marc Lavoine. Jessica avec Patricia Kaas, Lara Fabian et Larusso. Mario et Tina Arena. Carine et Lââm... Quant à Jenifer, mine de rien, elle a eu droit à Elton John, Isabelle Boulay et Serge Lama. Pas mal, pour la benjamine de l'Academy ! Même si ces moments ont été éphémères, ils les ont énormément marqués. Mais pas seulement les élèves. Les artistes aussi ont été surpris par leur motivation. Lara Fabian n'a pas hésité à entreprendre spécialement le voyage de Montréal pour chanter *Immortelle* avec Jessica. C'est une belle preuve de reconnaissance. Mario est fier de sa nana, ça crève les yeux.

Patrice n'attend pas de proposition pour enregistrer un disque. Il n'est pas chanteur, et il le sait. Quand Nikos prononce son nom, il se demande ce qui va bien pouvoir lui tomber dessus. C'est Dominique Besnehard, l'agent des comédiens de renom, qui lui annonce la nouvelle.

– Cher Patrice, lors de mes insomnies j'ai regardé les rediffusions de *Star Academy*. Je vous ai vu dans le groupe. Moi, je suis agent dans le cinéma et pas dans la chanson. Je vous ai remarqué car vous chantiez moins bien que les autres mais vous aviez énormément de punch, de sincérité, de singularité. Vous aviez ce qu'on appelle une nature. Je vous donne donc rendez-vous pour un déjeuner et nous verrons si vous avez envie de travailler, de faire des films. Peut-être puis-je vous y aider...

Patrice est aux anges et sourit de toutes ses

dents. Ça plairait à Kamel. Ce qui est particulièrement émouvant, ce n'est pas tant la joie – bien légitime – de Patrice que la *standing ovation* que lui font spontanément tous ses copains de l'Academy.

Nikos invite Patrice à venir au centre du plateau pour un commentaire, une réaction. Rien. Pas un son ne sort de sa bouche. On dirait Louis de Funès dans *La Folie des grandeurs*, quand il cherche comme un fou la reine disparue et qu'il est complètement aphone devant le roi impatient d'entendre ses explications.

Kamel met l'accent sur les progrès que Mario et Jenifer ont accomplis. Il décrit Jenifer comme « un petit bonbon tout frais, une fille bourrée de talent qui bouge merveilleusement bien, avec un feeling d'enfer... vraiment faite pour ce métier. Lorsqu'on voit la lueur dans ses yeux, on sait qu'elle aime ce qu'elle fait. Elle réussira ».

N'en jetez plus, la coupe est pleine. Jeni serait une fieffée menteuse (elle a confessé que, petite, c'était son principal défaut) si elle n'avouait pas son émotion et son bonheur. Elle doit boire du petit-lait. Entendre le public scander son nom, ça fait tout de même un drôle d'effet.

Armande, elle aussi, se dit satisfaite de leur parcours.

– Mario chantait déjà très bien, mais il avait de la pudeur et de la réserve. Il s'est assoupli et maintenant il nous fait pleurer tout le temps, c'est terrible ! Jenifer a fait d'énormes progrès. Elle a une meilleure oreille et désormais elle peut se corriger elle-même. C'est fabuleux. Je sens qu'elle progressera encore et encore.

Décidément, c'est la distribution des prix. Ceux qu'elle a reçus à l'école n'ont pas déformé son cartable... À l'époque, elle avait droit à moins d'éloges ! Là, c'est carrément le prix d'excellence. Au moins elle prend sa revanche. Et Mario également.

– Avec Mario, renchérit Raphie, on a découvert quelqu'un de très généreux, souriant, très sympathique. Au début il était plus sombre, plus distant. Merci donc de m'avoir fait confiance, Mario. Pour Jeni, c'est un peu la même chose. Elle parvient maintenant à exprimer des nuances. Merci à toi aussi.

Vincent ne va pas oublier de sitôt leur arrivée à tous les deux.

– Quand j'ai vu débarquer Mario, je me suis dit aïe, aïe, aïe ! Il ne savait pas mettre un pied devant l'autre. Vous l'avez vu cette semaine, c'est impressionnant ! Et pour Jeni, même si tu es une grosse râleuse et une grosse fainéante, merci d'avoir respecté mes cours.

Le « grosse » est de trop, Vincent. Mais les comptes se régleront plus tard. Pas question de gâcher cette soirée.

Avec le tube de Céline Dion *S'il suffisait d'aimer*, la grosse fainéante les a tous scotchés. Épaté, Nikos se tourne vers le père de Jenifer.

– Michel, qu'est-ce qui vous rend fier de votre fille ?

– Sa capacité à ingurgiter tout ce que les profs

lui ont enseigné en près de trois mois. Et la voir là, en face de moi, réaliser son rêve. Bravo !

Mais aux compliments et aux hommages succèdent les petits ratages. Chanter faux, s'emmêler les pinceaux en cours de danse, ça fait toujours recette. Nikos a prévu un super-bêtisier de la Star Academy. Il montre les frustrés du papotage s'énervant contre ce maudit téléphone qui coupe leurs conversations en plein milieu, les chutes mémorables en danse ou ailleurs, les rires les plus ridicules, les petites foulées hyper lourdes. Au concours du sportif pataud, Patrice est le grand gagnant : de se revoir si maladroit, si bougon, il est mort de rire. De toute façon il s'en fout maintenant. Il sait qu'il va devenir artiste. Il l'a toujours su.

Les votes sont arrêtés. Les jeux sont faits. Rien ne va plus, comme on dit dans les casinos.

Nikos n'a pas oublié sa formation de journaliste. Il repart pour une interview. La dernière.

– Jenifer, qu'avez-vous envie de dire à Mario ?

– Que je l'aime très fort et qu'il reste mon petit Pikachu pour la vie. J'espère qu'il tiendra sa promesse de m'appeler tous les jours quoi qu'il arrive.

– Moi, a répondu Mario, j'aimerais qu'elle me promette de rester ma petite sœur, d'être une merveilleuse chanteuse et la plus belle des mamans.

L'heure du verdict sonne. C'est aussi la dernière fois que Jeni entend ce mot de verdict. Elle l'a tant détesté et redouté... Maintenant, elle va finir par le regretter. Son cœur doit cogner tellement fort que, grâce au micro, les gens dans la salle risquent d'entendre chacun de ses battements.

– 60 % des votes pour Jenifer contre 40 % pour Mario.

On dirait la voix de Nikos !

La prod' a-t-elle prévu un remontant, une civière ? Pourvu qu'elle ne s'évanouisse pas. Si ça se trouve, elle a mal compris. Son prénom doit lui parvenir, mais de très loin, comme filtré à travers du coton. Mario hurle de joie avec toute la sincérité qui le caractérise. Il la serre dans ses bras. Cela veut-il dire qu'elle est vraiment la gagnante ? Les larmes coulent le long de ses joues sans même qu'elle s'en rende compte. Elle qui voulait maîtriser un max, c'est plutôt raté. Elle met un temps fou – forcément, avec les larmes l'image devient floue – pour apercevoir sa famille. Ils doivent être émus grave. Pendant ce temps-là, Nikos doit continuer à parler tout seul. On voit sa mère qui prend Jonathan dans ses bras. Alors c'est bien ça, Jenifer a gagné !

Tous les élèves les rejoignent sur le plateau. Jeni aimerait certainement dire quelque chose de sensé, de gentil. Mais rien ne vient. Rien ne sort. Une statue de sel. Nikos a la voix tremblante. Pas top pour enchaîner. C'est Mario qui, une fois de plus, fait preuve d'une grande maîtrise de soi.

– Je suis le plus heureux du monde d'assister à la victoire de Jenifer.

Donc c'est bien ça, Jenifer est la gagnante. Ils l'ont tous dit et répété. Il faut qu'elle l'enregistre sur son disque dur !

Trop tôt pour analyser le vote du public. Ce n'est ni le lieu ni le moment. Ses goûts musicaux très variés – R & B, variété, pop, etc. – y sont pour quelque chose. Après avoir retrouvé ses esprits et son humour, elle précise :

– Certainement pas parce que je suis une petite brune boulotte aux vilains pieds !

Merci, Lio, d'avoir dit que les brunes ne comptaient pas pour des prunes !

Cependant Jenifer n'y a pas cru tout de suite.

– Tant qu'il y avait des filles au château, je ne pensais pas pouvoir triompher. Je voyais bien qu'Olivia avait un vrai talent et que Carine éblouissait tout le monde et semblait la favorite des profs.

Discrète et posée, elle a mis un point d'honneur à rester sur ses gardes jusqu'au bout. Veillé à ne pas s'enflammer. Les pieds sur terre et la tête sur les épaules : voilà sa nouvelle devise. Mais là, ce soir et pour les jours qui viennent, ça va être dur-dur de faire en sorte que sa tête et ses pieds n'enflent pas.

Alexia et Pascal Nègre les rejoignent pour remettre le trophée à la gagnante. Elle est top, la petite statuette. Jeni ressemble à une sportive de haut niveau qui grimpe sur la première marche du podium aux Jeux olympiques. Avec ce que Vincent lui a fait subir, elle aurait pu y arriver haut la main !

Pascal Nègre prend la parole.

– On va partir tout de suite faire un album avec Jenifer, mais il y a plus d'un talent dans la Star

Academy ! Mario va enregistrer un premier single. Quant à Olivia, je ne sais pas si vous vous en souvenez, elle avait chanté en duo avec Boccelli. Il souhaite en enregistrer un avec elle.

Rien ne pourrait lui faire plus plaisir. Olivia et Mario sont deux amis très chers, ses confidents les plus proches. Eux aussi vont connaître des moments de bonheur intense. Ils le méritent.

Pascal Nègre a sans doute peur qu'ils ne s'habituent au succès facile. Avec son discours, pas de danger !

– Si vous devez retenir quelque chose de cette expérience, c'est la difficulté de devenir artiste. C'est un boulot permanent. Très dur. C'est ça aussi, le métier d'artiste.

Alexia, très émue, les remercie tous.

– Vous nous avez apporté un bonheur fou, on a pleuré, on a aimé faire de la musique avec vous, on est très fiers d'avoir vécu cette aventure ensemble.

Quand Luc Plamondon fait son entrée avec Lââm, l'une des interprètes de sa nouvelle comédie musicale, *Cindy*, la salle est en délire. Lui, c'est le faiseur de tubes. Elle, une voix d'or. Mais Plamondon n'est pas venu les mains vides. Il explique qu'ayant tout de suite remarqué le timbre particulier de Carine il lui offre un rôle dans son spectacle. Elle sera l'une des sœurs de Cendrillon, jouée par Lââm.

Sa joie fait plaisir à voir.

Nikos embrasse affectueusement Jeni et Kamel la prend dans ses bras. On ne l'aura jamais autant embrassée qu'aujourd'hui. Elle qui a déclaré qu'elle n'était pas très bisous d'habitude !

Étourdie, envahie par l'émotion, elle a envie de rire et de pleurer à la fois. Tout se bouscule dans sa tête. Les joies, les difficultés, les moments de découragement, les satisfactions, les prises de tête avec J.-P., les fous rires, les doutes et les privations – trois mois sans chocolat –, tout de même, ce n'est pas rien. Elle s'en souviendra !

Il va lui falloir plusieurs mois avant de digérer tout cela. L'aventure ne fait que commencer. L'argent, elle s'en fout. Avant, elle s'en passait. Bien sûr, elle a toujours eu ce rêve secret, jusqu'ici irréalisable : « Si je gagne le million d'euros, j'aide mes parents à payer les traites de leur appart' et surtout je leur achète une maison. » Elle a envie de quitter ce quartier glauque de Nice avec pour seul vis-à-vis la prison. Elle a aussi, dans le feu de l'action, promis une Ferrari à Mario !

Une chose est sûre, les vendeuses n'ont qu'à se mettre dans les starting-blocks. Elle va probablement faire une méga-razzia de fringues et de bijoux. Mais ce qui lui tient le plus à cœur, c'est d'enregistrer l'album et surtout un duo avec sa maman.

ÉPILOGUE

A-t-elle repensé à Laurent Boyer qui, le 24 septembre 1997, lui avait assuré « Ta carrière, tu la feras ! » ? C'est probable. Quoi qu'il en soit, la carrière de Jeni a commencé en fanfare, sur la scène mythique de l'Olympia, aux côtés de ses ex-camarades de « classe ». Et elle se poursuit avec une tournée internationale (les Academyciens se produiront en Belgique, le pays de Mario) qui s'achèvera symboliquement à Nice, la ville de l'heureuse élue. Son album, tout simplement intitulé *Jenifer*, caracole en tête des ventes. Son titre phare, *J'attends l'amour*, résonne sur toutes les ondes et court sur toutes les lèvres des accros de la Star Ac'.

– Mon disque et mon clip montrent ma vraie image, souligne la jeune artiste.

D'ailleurs, pour tourner ce clip, les conseils de l'intransigeante Raphaëlle ont été particulièrement précieux, car on ne s'improvise pas du jour au lendemain comédienne.

On pourrait croire que le rêve de la benjamine est atteint une fois pour toutes. Non, Jenifer veut conjuguer ses envies au pluriel.

– J'ai encore bien d'autres rêves à réaliser que celui de devenir une star internationale et de chanter dans toutes les langues !

Et puis le terme de « star » ne lui plaît pas trop. En tout cas, pas pour l'instant.

– Pour moi, il est réservé à des artistes tels que Céline Dion ou Michael Jackson.

Autre star... de la pitrerie et qui, lui, revendique haut et fort cette appellation non contrôlée : Jean-Pascal. Avec son single *L'Agitateur*, dont les paroles lui vont comme un gant, le trublion de service talonne de très près la belle Niçoise dans les *charts*. En attendant le duo qu'il aimerait enregistrer avec Olivia, « le provocateur pas très académique » amorce une reconversion à la télévision. Chanter c'est bien beau, mais ce n'est pas suffisant. Et encore, ce n'est pas toujours beau... C'est le principal intéressé qui le dit ! Lui-même se définit comme « un blaireau qui ne sait pas chanter mais qui ne se prend pas pour Garou ». Sans hésiter, il a accepté la proposition de TF1 de couvrir un événement majeur qui ne peut laisser insensible le sportif qu'il est : aux côtés de Flavie Flament et de Jean-Pierre Pernaut, Jean-Pascal sera présent dans les émissions quotidiennes, de 18 à 20 heures, consacrées à la Coupe du Monde de football. Bonne chance au nouveau chroniqueur !

Avec *On se ressemble*, Mario fait un carton. Et pas seulement chez lui, en Belgique !

Pour Djalil, son single *Au pays de mes rêves* a comblé le sien et ses fans, impatients de voir la sensibilité de leur idole triompher.

Avec *Demain*, Grégory fera basculer, il l'espère, son avenir.

Si fragile, Jessica ? C'est la chanson qui le dit ! Le deuxième titre de son C.D. répond à toutes les questions qu'elle se pose sur sa notoriété, *Je t'aime comme ça*.

Olivia non plus ne compte pas pour des prunes. Elle a un titre en préparation, *Paris*, et une bossa nova d'enfer qui promet de mettre le feu.

Carine, elle, réalise le rêve de tout artiste. Être bookée pour l'année à venir. Elle n'aura pas le temps de souffler après la tournée car elle enchaînera aussitôt avec les répétitions de *Cindy*, la comédie musicale signée Luc Plamondon.

Quant à Patrice, marginal il était, marginal il restera. Il annonce le C.D. le plus pop de tous les disques estampillés Star Academy mais n'abandonne pas ses premières amours : la comédie. Il flirte déjà avec le septième art et souhaite désormais être connu sous le nom de Patrice Maktav. Celui-ci défilera au générique d'un long métrage, *La Bonne Attitude*. Merci, Dominique Besnehard !

François, pour sa part, a connu le coup de foudre... musical :

– J'ai écouté une trentaine de titres proposés par Universal et je suis tombé amoureux d'une chanson dans le style des Destiny' Child.

Comme le soulignait Pascal Nègre lors de sa

visite au château, il n'y a donc pas qu'un seul gagnant de la Star Academy. Loin de là ! Les élèves sont sur la bonne voie pour demain dépasser leurs maîtres et chanter, dès aujourd'hui, leur propre hymne à l'amour de *La Musique*...

TABLE DES MATIÈRES

II

ÉMOIS DE NOVEMBRE

III

DÉCEMBRE EN FLAMMES

IV

JANVIER C'EST SHOW !

HORS TEXTE STAR ACADEMY
CRÉDIT PHOTOGRAPHIQUE
SIPA PRESS

Hors-texte A

- Philippe Warrin : page 1 et page 3 haut droite.
- Philippe Leroux : page 3 centre gauche.
- Christophe Lartige : page 3 haut gauche, centre droite, bas gauche et droite, page 8 bas.
- Frédéric Nebinger : pages 2, 4, 5, 6, 7 et page 8 haut.

Hors-texte B

- Philippe Warrin : page 1.
- Philippe Leroux : pages 2, 3 et 4.
- Christophe Lartige : page 5 haut, page 6 haut et bas.
- Ammar Abd Rabbo : page 5 bas.
- Frédéric Nebinger : pages 6 et 7 fond, et page 7.
- Bruno Bebert : page 8 haut.
- Carole Morgane : page 8 bas.

Direction littéraire
Huguette Maure

assistée de
Marie Dreyfuss
et
Maggy Noël

Composition PCA
44400 – Rezé

Impression réalisée sur CAMERON par

BRODARD & TAUPIN
GROUPE CPI
La Flèche

pour le compte des Éditions Michel Lafon
en mai 2002

Imprimé en France
Dépôt légal : mai 2002
N° d'impression : 13204
ISBN : 2-84098-809-7
LAF 332